ゴダール原論

映画・世界・ソニマージュ

佐々木敦

社

新潮

目次

ゴダール原論

映画・世界・ソニマージュ

『カルメンという名の女』

彼のソニマージュ

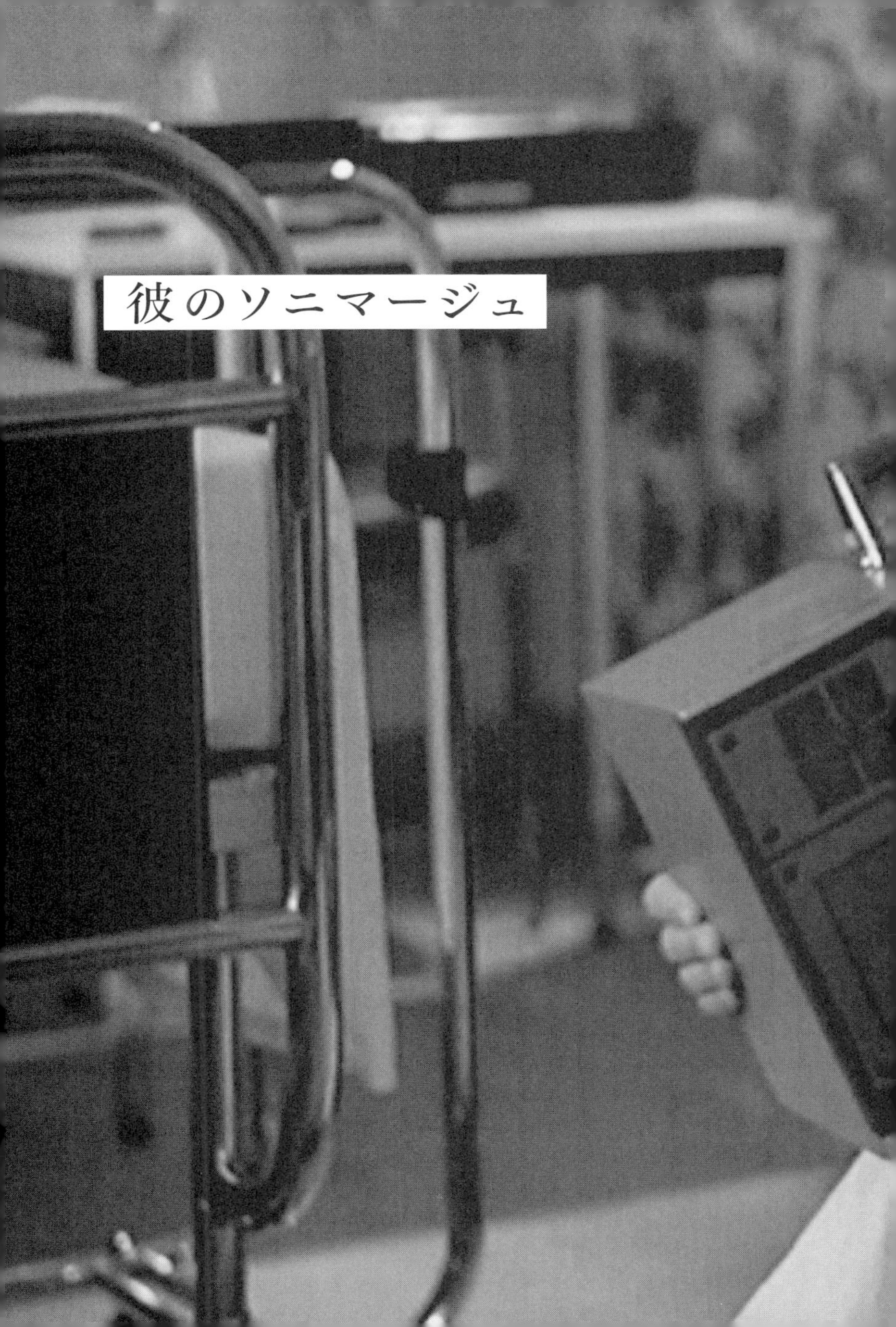

ソニマージュとの出会いがいつのことだったのか、もはや精確には覚えていないのだが、それはもちろん、ジャン゠リュック・ゴダールがアンヌ゠マリー・ミエヴィルと共に設立したスタジオ／会社の名称として最初に目にしたのだと思う。確か「ソニマージュ工房」と書かれていた。この耳慣れない言葉が、ソン（音響）とイマージュ（映像）を合体させた造語であることも同時に知ったはずだ。言うまでもなく映画は映像と音響から成るわけだが、これをひと続きにして一語にしてしまったところに、私はひどく感銘を受けた。たぶんまだ十代だった。それ以来、ゴダールという固有名詞と、この奇妙な言葉は、私のなかで分かち難く結びついてしまった。私にとってジャン゠リュック・ゴダールとは、何よりもまず第一に、シネマをソニマージュと言い換えてみせた映画作家である。

だが、では、それはいったいどういうことなのか。それはソニマージュという語の組成に歴然と示されている。すなわち、映画を音響と映像が接続されて一個になったものとして考えること。ソンとイマージュは足される。どこにおいてか。ある時間の持続の下に。それから、観客という名の存在の体験の相の上に。映像＋音響＝映画。実に単純な式。ただそれだけのことであり、ただそれだけのことを敢て持ち出してみせたところに、ゴダールのラディカリズムの核心がある。

なぜならば、ゴダール以外の映画を作る者の多くが、そして映画を語る者の多く、彼の映画を語る者たちでさえもが、それを単なる映像と音響の足し算としては、けっして考えようとしなかったからだ。それはもっと別の、なんだかよくわからない何かだと思われていた。映画が一秒間に24コマのフィルムに焼き付けられたイメージ群と、トーキー以後はそれに並走するサウンドトラックの組み合わせによるものだということは、あまりにも自明の、つまりは常識であり、だから何とかして、それ以上のことをやらなくては／生み出さなければ／見つけなければならないのだと（或いは、そうしようとするまでもなく、それはそうなのだと）、誰もが無意識的にであれ、思っていた。思い込んでいた。おそらくは。そこにゴダールが突然、ソニマージュという変な言葉をこしらえて放り投げてみせたわけである。つまりここには、身も蓋もない、即物的な、唯物論的と言ってもいい態度がある。技術論的な態度と言い換えてもいいだろう。

映画とは、カメラとマイクによって記録された映像と音響の断片群と、それ以外の方法によって得られた映像と音響の断片群を、或る時間的継起の内に配列したものである。つまりそこには目で見えるものと耳で聞こえるものしか存在していない。しかし言うまでもなく、人間が世界なり何なりに対する感覚は視覚と聴覚に限定されているわけではない。そこには触覚や嗅覚や味覚、更には第六感とか気配とか色々な言い方で呼ばれるものなどなど、さまざまな感覚や、感覚とも呼び得ないさまざまも存在している。だから映画は確実に、世界／現実から、多くの何かを引き算している。それはたかだか動く絵に音が付いているだけの、それ自体を芸術と呼んでいいのかどうかも躊躇するような、装置というかテクノロジーというかメカニズムに過ぎない。

　だが、もちろん映画はそれ以上の何かであり得る。なぜそれ以上になることがあるのかと言えば、映画がそのメカニズムの本性上、最終的にはスクリーンとスピーカーに対峙する観客ひとりひとりの内側において生成するものであるからだ。目と耳から入力された情報は、個々の脳内で視覚と聴覚の二種類を超えたものに変成／編成される。そこでは触覚や嗅覚や味覚、更には第六感や気配など、さまざまな感覚や感覚とも呼び得ないものが動員されてくる。だからむしろすぐれた映画／映画作家は、そのようなケミストリーというか剰余の産出に賭けるのであって、こうして映画は映像と音響のみでありながら、それ以外のあらゆる感覚やら何やらを取り込んで、それ以上の何かになるのである。だから、全ての映画が、とは言わない／言えないが、或る種の映画は、それ自体として世界に丸ごと対応するのだし、時としてそれを超えることさえある。シネマの本質とは、このようなものである。

おおよそ、こんなような考え方があるとして、ゴダールはソニマージュによって、それは違う、そんなの全然違う、と言ったのだと私は思っている。そんなことはない。映画はただの映像と音響なのであり、それだけのものでしかないのだと。そして、それだけでしかないことこそが、映画の、シネマの可能性なのだと。だから映像＋音響＝映画という式の単純さにこそ、いま一度立ち戻ってみなくてはならない。

この式の重要さは、歴史的にも証明される。映画はそもそも音を持っていなかった。サイレント映画は、逆さにみればソニマージュ－ソン＝イマージュである。だが、それがサウンドトラックを、音溝を持っていなかったからといって、サイレント映画の観客たちは全員がろう者であったわけではないし、銀幕を見据えているあいだ耳を塞がれていたわけでもない。映画館には映写機の廻る音が、空調の音が、隣席の客の身じろぎの音が、つまりその時その場の環境／状況に属する音が、間断なく鳴っていたはずである。したがって、すべてのサイレント映画は、いうなればジョン・ケージの「4分33秒」を劇伴音楽として持っているのだと考えることが出来る。観客の体験の相においては、映画は最初からソンがないわけではなかった、とも言える。けれどもしかし、映写という最終的なアウトプットの前段階においては、それはやはり映像のみであったから、サイレント時代の映画は世界／現実から、トーキー以後よりも予めもっと引き算されていたことは事実であり、たとえそんなことはないと後になってから嘯く者が居るとしても、当時の人々にとってはやはりそうであったからこそ、映画は編集、モンタージュというものを発明した。

モンタージュこそ、ソニマージュに重ね書きされるべき言葉である。映画とは編集であり、それは初期の映画がサイレントであったからこそ見出された。ゴダールは（他の多くの賢者同様に）繰り返しそう語っている。バラバラにして／されたものを、一本に繋ぐこと。一分の映像の持続は、こうして無数の時間を、持続を、過去を孕み持つことになる。だがそれでも一分は一分、六十秒であることに変わりはない。その絶対的な真理／原理。

モンタージュが素晴らしい／恐ろしいのは、何でも繋げば繋がってしまうことである。接続と並列に論理は介在し得るが、それはけっして規則ではない。順番を守らなくてはならない究極的な理由など存在していない。一見しての「繋ぎ間違い」は確かにあるが、それを意図してやることは常に許されている。これが映画が世界／現実に対して有するアドバンテージ、少なくともそのひとつであるだろう。世界や現実には編集という次元が、一見したところ存在していないようであるからだ。

こうして映画はまだ音を獲得していない段階で、映像のみのモンタージュの実験をさまざ

上・下／『カルメンという名の女』

まに行なった。そのひとりがたとえば『カメラを持った男』（1929年）のジガ・ヴェルトフであり、ゴダールが「ソニマージュ」を立ち上げる前にジャン゠ピエール・ゴランと「ジガ・ヴェルトフ集団」を名乗っていたのはもちろん偶然ではない。つまりソニマージュの前提にはイマージュのモンタージュの再検討が置かれていたのだ。だがゴダールが比類なくユニークなのは、にもかかわらず、ジガ・ヴェルトフ集団の作品においては、モンタージュの実践的な可能性の走査よりも、むしろモンタージュという技法／思考への批判の方がせり上がってきてしまうということである。そこではいわばアンチ・モンタージュが追究されていたと言っても過言ではない。編集が話法の奴隷になってしまった、ハリウッド的な体制への異議申し立て。ジガ・ヴェルトフ集団による映画が、写真や画像の分析や、固定画面や長廻しにやたらと拘泥しているように見えるのは、モンタージュとしてのシネマのポテンシャルを掘り直すためには、いうなれば、それが成し得ることの悪と、それが成し得ないことの善を、まずもって見極める必要があったからだと思われる。

このスタンスにはもちろん政治的イデオロギーが深くかかわっているが、しかしそれは唯一の要件ではない。ゴダールはむしろシネマの問題を突き詰めるプロセスにおいて、政治（性）にぶち当たったのだと考えるべきであって、その逆ではない。そしてこの作業は、ジガ・ヴェルトフ集団最後の作品である『ジェーンへの手紙』（1972年）を接続点として

(同作は「ソニマージュ」の最初の製作作品でもある)、「ソニマージュ」へと引き継がれることになる。そこではゴランとの共闘／実験を踏まえて、新しい同志であるミエヴィルと共に、イマージュのモンタージュに加えて、ソンのモンタージュ、そしてソンとイマージュのモンタージュが追究されてゆくことになった。

ゴダール／ミエヴィルによる製作プロダクション「ソニマージュ」は、『ジェーンへの手紙』の後、七〇年代後半に『パート2』『ヒア&ゼア　こことよそ』『6×2』『うまくいってる?』『二人の子供フランス漫遊記』と、映画／テレビ作品を精力的に送り出してゆく。その内の『ヒア&ゼア　こことよそ』『パート2』『うまくいってる?』は現在、日本で『ゴダール／ソニマージュ初期作品集』としてDVDパッケージ化されている。この三本をあらためて観てもわかることは、この時代のゴダールが強い関心を持っていたのが、実のところソニマージュそれ自体よりも、ビデオ／テレビという新しいメディア／テクノロジーだったということである。現在の視点からすれば甚だプリミティヴであるとはいえ、そこではビデオの特長が思うさま駆使されている。それはたとえば同一画面内に複数のイメージを配することであり(それはテレビ受像機を並べることで成されている!)、映像の機械的な変速や停止であり、そして画面に直接打ち込まれる、あの味も素っ気もない無機質なタイトル／テロップである。それらはいずれもゴダールがビデオ／テレビの特性に並々ならぬ可能性を見出しているということを示しているが、しかし忘れてはならないことは、ゴダールの場合、可能性とは常に可能なものへの徹底的な批判と、可能であることのぎりぎりの限界において測られるのだということである。そしてまたゴダールにとっては、ビデオ／テレビの可能性も、最終的にはシネマに回収されるべきものだった。

『パート2』（1975年）を観てみよう。まず字幕「パート2／タイトル出しのテスト（NUMÉRO 2/ESSAI TITRES）」が出る。次に、左のテレビに赤く色の付いたテレビの「砂の嵐」、右のテレビには男の横顔が映っており、その間に、

MON
TON
SON IMAGE

の文字が映し出され、右下の「IMAGE」だけが点滅している。男はカメラの方を見つめる。すると男の画面が左に広がって「IMAGE」を覆う。だがすぐに元に戻り、一瞬置いて右に映像ごとワイプアウトすると、「IMAGE」の右にもうひとつ「SON」の文字があり、やはり点滅している。

MON
TON
SON IMAGE SON

次にワイプで女性の横顔が入ってきて（右端の「SON」が隠される）、彼女がやはりカメラを見つめると画面が広がり「IMAGE」も隠される。「MON」は「わたしの」、「TON」は「あなたの」、そして「SON」は、この流れなら「彼の／彼女の」なのだが、「IMAGE」があることで「音」という意味も暗示／共示される。ここまでがワンショットである。

注目すべきは、この如何にもゴダールらしい実にわかりやすい言葉遊びではない。左の「SON」と点滅する「IMAGE」の間に、そして「IMAGE」と右のもうひとつの「SON」の間にも厳然と存在する一文字分の空白＝スペースである。それは「SON IMAGE」であり「IMAGE SON」なのであって「SONIMAGE」でも「IMAGESON」でもない。つまり、まだこの時点では音と映像、映像と音のあいだに間隙が残されているのだ。確かにゴダールの新会社は「SONIMAGE」だが、実際にはそれは「SON［　］IMAGE」だったのである。そして、このスペースが埋められるのは、ゴダールの商業映画への帰還と呼ばれた『勝手に逃げろ／人生』（1980年）まで待たなくてはならなかった。

この映画でジャック・デュトロン演じる主人公の職業はテレビのディレクターで、名前はポール・ゴダール。彼が大学らしき教室でマルグリット・デュラス監督の『トラック』（1977年）を講じる黒板には「カインとアベル／映画とビデオ」と書いてある。ゴダール（本人）が『インディア・ソング』（1975年）を始めとするデュラスの映画から多大なる刺激を受けていたことは、この映画でデュラスを不在の登場人物として迎えていることからも知れる。設定上、デュラスはゴダール（役名）が連れてきて『トラック』を上映した教室の隣に居ることになっているのだが、結局姿を見せることはない。実際にゴダール（本人）はデュラスに出演依頼をしたが固辞され、代わりに『トラック』のデュラス自身によるナレーションの一部と、二人が会った際の対話の録音を、この映画の中で用いた。このシーンの終わりには、わざわざ大型トラックのショットまで入れている（『トラック』はトラックの走行を追った画面と暗い室内で会話するデュラスとジェラール・ドパルデューという二種類の映像から構成されている）。

デュラスの映画がゴダールのソニマージュに及ぼした影響の最大のポイントは、まさに『パート2』冒頭の場面の男女の映像とテロップの操作が示していたのと同じもの、つまりソンとイマージュの分離と再接合である。或いはゴダールはデュラスから、ソンとイマージュの間隙の創造的な処理の仕方を学んだと言ってもいいかもしれない。デュラスの映画作品、精確には『インディア・ソング』以降の作品群では、映像と音響が、ほぼ完全に分離している。『インディア・ソング』や『アガタ』（1981年）には人物が登場するが、彼女たち彼たちは終始無言であり、その代わりに（必ずしも彼女たち彼たちのものとは限らない）声が、ナレーションが、延々と聞こえてくる。それどころか『セザレ』『陰画の手』『オーレリア・シュタイネル　メルボルン』『同　ヴァンクーヴァー』（いずれも1979年）には人間がまったく映っておらず、テクストを朗読する声だけが何処からともなく流れ出してくる。しかし、そのような元々ひとつのものではないイマージュとソンが、一本の映画の内に同時並行に置かれることによって、紛れもないひとつの体験として観客に享受されることになる。デュラスの特異性が最も際立って示されているのが『ヴェネツィア時代の彼女の名前』（1976年）だろう。『インディア・ソング』と最初から最後まで全く同じサウンドトラック＝音響を使用しつつ、イマージュだけを廃墟の映像に丸ごと差し替えてしまったこの異様なフィルムは、ゴダール以前にソニマージュの或る極点を抉っていたと言ってよい。

『勝手に逃げろ／人生』は、ゴダールがプロの作曲家にオリジナルの映画音楽を委嘱した最後の映画である。のちに巨匠となるガブリエル・ヤレドによるシンセサイザー音楽は、かなりニューエイジ的な雰囲気を持っており、これはこれで悪くないのだが、今の耳で聴くといささか時代がかっているように思えなくもない。デュラス自身が「声」だけの存在として出演してはいても、ゴダールがデュラスの方法論をも取り込んでミエヴィルと共に取り組んでいったソニマージュの試行は、まだこの時点では結構おとなしいものだったと言える。実際にソニマージュがその過激さを露わにするのは、次作『パッション』（1982年）と続く『カルメンという名の女』（1983年）によってだった。

ここで、ソニマージュの二つの定理を挙げておく。

（1）ひとつのものは幾らでも分けることが出来る。
（2）別々だったものはひとつにすることが出来る。

たったこれだけである。そしてこれらはもともとモンタージュの定理であり、それを音と映像の関係にも当て嵌めることで、ゴダール／ミエヴィルはソニマージュを抽出した。具体的に言い換えるなら、モンタージュ（映像と音響それぞれの内的な配列）においては、（1）或る現実的な時間＝持続する出来事は、如何ようにも分割可能である。（2）或る時間＝持続の内に配された諸断片は継起的なものとして体験される。これらを踏まえてソニマージュでは、（1）或る現実の映像＝音響は、如何ようにも分離可能である。（2）或る時間＝持続に嵌め込まれた映像＝音響は、同時的なものとして体験される。ゴダールがデュラスと異なるのは、デュラスが映画の材料（マテリアル）としての現実というものを殆ど重要視していないように思われる、彼女にとってはあくまでも最終的な映像＋音響＝シネマの次元が問題であるかに見えるのに対して、ゴダールたちのソニマージュは、映画が撮られ／録られている／いた現実というリソースに強く重心が置かれており、それとシネマの関係こそが問われているということである。『パッション』のイザベル・ユペールの声の遍在や、個々の場面とそれに属する音の自在な交換は、それらのイマージュとソンが元々の現実において共在していたからこそ効果を持つ。

私見では、ソニマージュとしてのシネマは『カルメンという名の女』で完成した。実は私はかつて或る大学で、十年以上にわたって「サウンドイメージ」という講義を担当していた。サウンドイメージ＝ソニマージュである。ただしこの名称は私が付けたわけではなく、私の着任以前からカリキュラムにあったものであり、そのネーミングがゴダールから来ていたのかどうかは知らない。私は十年以上も毎年、最初の講義で『カルメンという名の女』を学生たちに観せて、ソニマージュの話をした。この映画はビゼーの『カルメン』を元にしているので、ゴダールにしては比較的基本的な物語／設定がわかりやすい。その上でサウンドとイメージのさまざまな実験が行われており、更には作中にベートーヴェンの『弦楽四重奏曲』

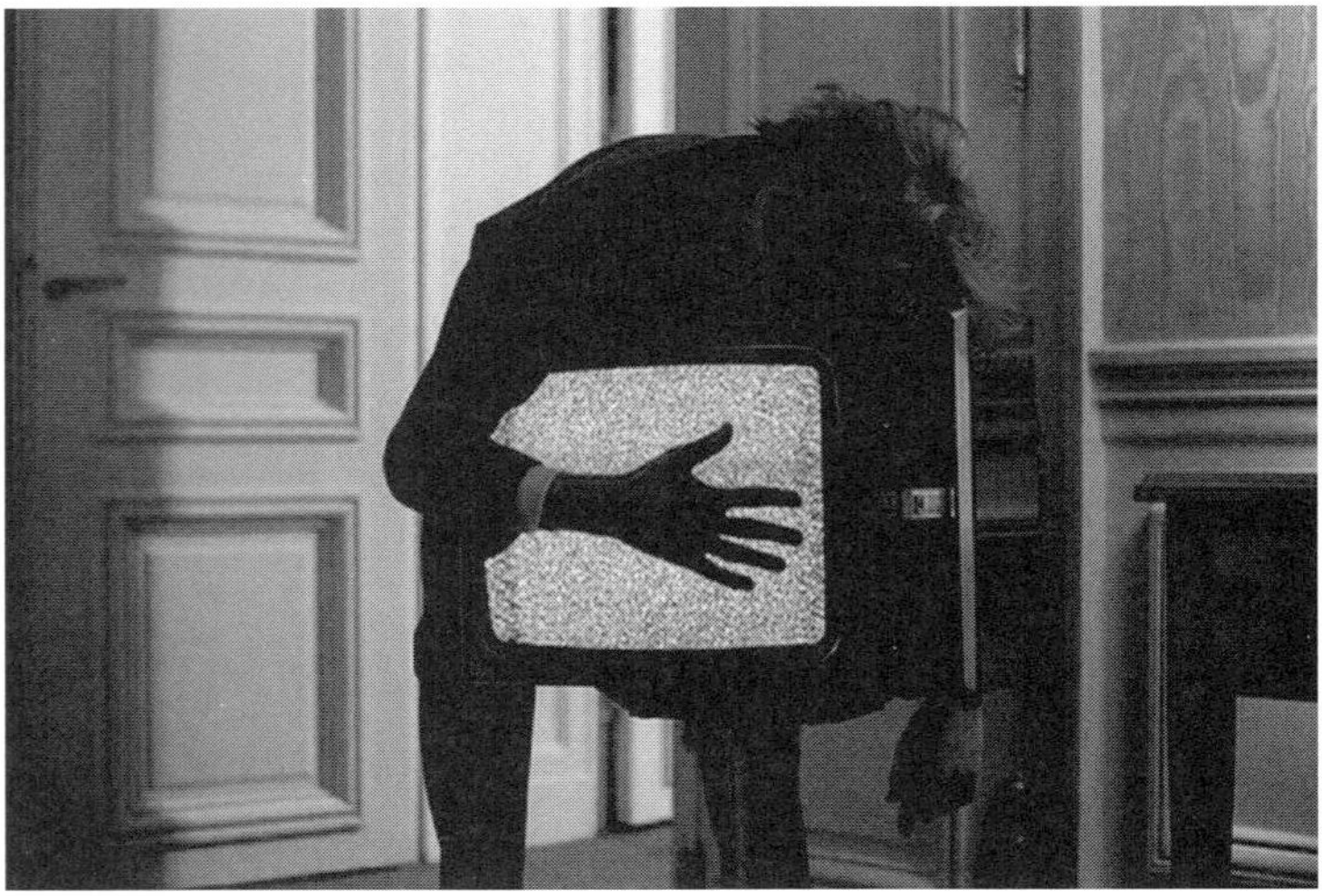

上・下／『カルメンという名の女』

を生演奏するストリング・カルテットが登場する（むろんその演奏もバラバラにされている）。加えてトム・ウェイツの曲「ルビーズ・アームズ」が、一曲丸々、極めて特殊な形で流れる。そして、この曲のシーンこそが、ソニマージュが何故そう呼ばれるのか、何故それがシネマと同義なのか、という根本的な問いに、鮮やかな答えを与えるものだと、私には思われるのだ。

ストーリー紹介は面倒なので省く。「ルビーズ・アームズ」の場面は、曲のイントロと共に「砂の嵐」しか映っていないテレビをなでまわす手のショットから始まる。海辺の別荘。カメラが引くと、テレビに覆いかぶさっているジョゼフ（ジャック・ボナフェ）の姿。更に引いて、カルメン（マルーシュカ・デートメルス）が部屋に入ってきてジョゼフに話し掛ける。二人は窓辺で接吻を交わす。ロマンチックな場面だが、次のショットで、いきなりトーンが変わる。カルメンは「眠い」とぼやき出す。「どこにいた？」「明日にしてよ　明日」。彼女は服を無造作に脱ぎ出し、なおも話し掛けるジョゼフをぞんざいに扱う。そして痴話喧嘩になるのだが、ここでは同時にひどく奇妙なことが起きている。さっきまで間断なく聞こえていたトム・ウェイツの歌声が、次のショットに切り替わると、前のショットの終わり、ほんの一秒ほどではあるのだが、巻き戻っているのである。ちょうど曲名が歌われている。as i say goodbye to ruby's arms.... 「to ruby's arms」の所まで曲がリヴァースして、それからまた続いていく。そしてこの後はショットが変わるごとに、一瞬前に曲が巻き戻されては、つっかえつっかえ最後まで流れてゆくのである。

　これはどういうことなのか。私は最初にこの映画のこの場面を観たとき、興奮を隠せなかった。この室内シーンでは、「ルビーズ・アームズ」が実際に流れている（ことになっている）のか、それともこれはいわゆる劇伴音楽として載せられているのか。だがいずれにしても、この音楽のありさまは異常である。細かい分析は止めて簡潔に述べるなら、トム・ウェイツの「ルビーズ・アームズ」が開始と共に始まり、最後まで完奏するこのシーンの長さは、「ルビーズ・アームズ」の曲の長さよりも、少しだけ長い。ワンショットごとに僅かにリヴァースされているのだから当然である。その巻き戻しはそれぞれ一秒足らずではあるが、はっきりとわかるように、あからさまに成されている。そしてそれは、この場面では時間が巻き戻っているということを端的に示している。複数のショットから成るこの場面が、もしも複数のカメラによって（テレビ的に）撮影されたものなら、こうはならない。また、普通にショットごとにカメラを置き換えて撮られたものを並べて後から音楽を加えたのなら、やはりこうなるわけはない。つまり、音楽が流されたのがリアルタイムであれ編集後であれ、わざわざこうしなければ、このようなおかしなことにはならないのだ。

　ならば、この奇妙な事態が意味していることは何なのか。それは映画が時間を扱うにあたってさまざまに弄している詐術の露呈に他ならない。トム・ウェイツは、映画の中で流れている時間は現実の時間とは全く異なるものなのだという真理を晒け出すために召喚されているのである。そしてこの真理は、ソンとイマージュの殆ど暴力的とも言うべき切断と接合によって、まさに目で見つつ耳で聴くものとして証明されている。そう、ソニマージュとは、シネマが「時間」を相手取って何をしているのかを示す言葉である。言い換えればシネマとは、映像と音響の重合によって「時間」を相手取る芸術なのだ。

『さらば、愛の言葉よ』の3Dも、ソニマージュの問題として捉えられなくてはならない。それはまずモンタージュの範疇に3Dという装置というかテクノロジーというかメカニズムを置き直すことを必要とするだろう。人間の目と耳は通常二つずつあり、スピーカーは左右ひとつずつ二つあるのにもかかわらず、スクリーンは通常ひとつしかない。たとえ(たとえばウォーホルのように)スクリーンを左右ひとつずつ二つ並べたとしても、それではこの矛盾(?)の解決にはならない。何故なら目が二つであることと耳が二つであることは、同じ数であっても違っているからである。『さらば、愛の言葉よ』は、この問題に対するゴダールの返答だ。だからそれは本当は3Dではない。三次元など、あの映画のどこにも存在してはいない。あるのはソニマージュの成れの果て、その姿である。そしてそれがシネマの成れの果てでもあることは言うまでもない。

ジャン=リュック・ゴダール、3、2、1、

『さらば、愛の言葉よ』

わたしは遊ぶ
君は遊ぶ
わたしたちは遊ぶ
映画で遊ぶ
遊びに規則があると
君は思っている
なぜなら　君は　これは遊びで
大人のためだけのものだというのを
まだ知らずにいる
子供だからだ
君はもう大人のひとりだ
なぜなら君は　これは子供たちの
遊びだということを忘れてしまっているからだ
この遊びとはなんだろう
いくつか定義がある
ここに二つ、三つその例を示そう
他人の鏡のなかに

自分の姿を映してみること
世界と自分自身とを
素早くそしてゆっくりと
忘れそして知ること
思考しそして語ること
奇妙な遊びだ
これが人生なのだ

（「みんなで映画のつくり方を学ぶために友だちに書き送る手紙」蓮實重彥、保苅瑞穂訳）

＊

映画に刻印を残したものはよそへはいけない。

（『映画史』）

＊

――それで、これは帰還なのでしょうか？
ゴダール　いや、ぼくは一度も出発しなかった。

（「自分が今いるところでつくることが可能な映画をつくる」奥村昭夫訳）

3

3−0

スリー、ツー、ワン、ゼロ！　さあ、いつものように、即興風に始めよう。ジャン＝リュック・ゴダール監督の『さらば、愛の言葉よ』（２０１４年）で、いちばん最初に飛び出してきたのは、案の定、ＡＤＩＥＵの五文字だった。案の定というのは、この作品が３Ｄ映画（3 Dimensions Film ＝三次元映画）として撮られることを知った、その瞬間に、どういうわけか私は、このことを予想していたからだ。予知していたと言ってもいい。なにしろＡＤＩＥＵが赤い文字であることさえ、私は知っていたのだから。数年前に観た『ゴダール・ソシアリスム』（２０１０年）と同じ、あのいかにもそっけない、ぶっきらぼうなレッドのＡとＤとＩとＥとＵが、ぽっかりと眼前に浮かんでいる、あからさまに立体的な、脳内イメージ。ことによるとゴダールの３Ｄは、文字＝字幕にしか適用されないのではないかとさえ、一瞬疑ってみたりもしたのだが、むろん本気でそう思ったわけではない。そしてもちろん、そんな筈もなかったのだ。

3－1

ゴダールと３Ｄ？　いつか必ずやるだろうと、誰もが思っていたのではないか。なにしろテクノロジーの進展には人一倍敏感なＪＬＧのことだ。ハリウッドのどの監督も想像だにしなかったような、革新的にして荒唐無稽な、掟破りの３Ｄを、彼ならば嬉々としてやってのけるに違いない。３Ｄと呼ばれる「技術（テクネー／テクノロジー）」と、その「歴史」を、丸ごと再発明してみせるに違いあるまい。そしてそれは事実そうだったのだが、その有様はといえば、まったくもって意想外の、真に驚くべきものだった。ＡＤＩＥＵの赤い五文字はあらかじめ知っていた私でも、さすがにあのやり口を事前に見抜くことは出来なかった。だがあらためてよくよく考えてみれば、あれだって絶対に予想出来なくはなかったのだ。

何はともあれ、まずはこの話から始めなくてはなるまい。だが、いきなり脇道になるが、『さらば、愛の言葉よ』はゴダール初の３Ｄ作品というわけではない。この前にオムニバス映画『３×３Ｄ』の一本として『三つの災厄』（２０１４年）が完成されている（ただし撮影開始は『さらば、愛の言葉よ』の方が先だったようである）。日本では未公開だが、インターネットで予告編を見ただけでも、他の二人の監督――ピーター・グリーナウェイとエドガー・ペラー――の至極真っ当な3Dらしさとは、まるで違ったものになっているであろうことはわかる。

トレーラーではどのショットが誰のパートであるかは明示されていないが、見当はすぐにつく。何故なら、そこには後で触れるゴダール特注の3Dカメラが被写体として映っているからだ。次元／Dimensionsならぬ災厄／Désastresとは、如何にもゴダールらしい言い換えというべきではないか。ゴダールにとって3Dの「D」は、まず何よりも「災厄」なのであり（何に対しての？　むろん「映画」に対する災厄である）、それゆえにこそ、彼は敢て3Dで撮ってみせたのだ。

『さらば、愛の言葉よ』の冒頭、赤い五文字のADIEUは、黒地に白抜きの以下の字幕に重ねられる。「想像力を欠く、すべての人は、現実へと逃避する」「考えないということが、思考に悪影響を及ぼすかどうかは分からない」。二枚の字幕の手前で、赤のADIEUは点滅し、続いてフローベール『感情教育』末尾の有名な文章「〝あの頃が一番よかった〟と、デローリエが言った」が奥に現れる。この引用に既視感がある人もいるだろうが、それも後の話だ。ゴダールらしからぬ（がゆえにゴダールらしいとも言える）妙に陽気で軽快な歌が流れ出すとともに製作会社のクレジットが表示される。画質の粗い戦場のビデオ・フッテージに続いて、ハワード・ホークス監督『コンドル』（1939年）からジーン・アーサーのシーンが挿入された後、最初の字幕の続きなのかもしれないし、無関係なのかもしれない「大切なのは、過去の感情や経験ではなく、静かなる粘り強さである」という言葉が何者かによって口にされる。と同時に、この映画の陰の（あからさまな？）主役ともいうべきウェルシュ・シープドッグ、ロクシー・ミエヴィルが早速登場する。やはり3Dで浮かぶ赤の「1」の奥に「LA NATURE」の字幕。この映画は「1：自然」と「2：隠喩 メタファー（LA MÉTAPHORE）」の二つのパートから成っている。このことはとても重要だが、これも後の話。まだADIEUと数字の1以外には、3Dが殊更に強調された画面は出て来ていない。フェリーが接岸しようとしている。女の声が「アフリカについての見解」を男に尋ねている。次にやっと、まるでコマーシャル映像のように美麗な三次元の向日葵たちが、次いで不安定に揺れる画面の蒼空が映し出され、そして若い女が水飲み場の蛇口に唇をつけると横から水をかけられて驚く様子が、やや仰角のクローズアップで、一瞬だけカラーで映され、すぐに奇妙にダブったモノクロへと切り替わる。

なんとまだ映画は始まってからたったの二分弱しか経っていない（なのにこの情報量は何ごとだろうか！）。だが、ここまで観ただけでも、この作品が、長編としては前作に当たる『ゴダール・ソシアリスム』と関連性を持たされていることは分かる。『ソシアリスム』の舞台のひとつは地中海を周遊する豪華客船であり、映画はその旅の終着＝接岸で終わっていた。

それに、あの映画でも始まってまもなく「アフリカ」が話題にされていた。これらのことだけではない。ある意味で、幾つかの意味で、『さらば、愛の言葉よ』は『ソシアリスム』の「続編（パート2）」である（『ソシアリスム』の公開時点でゴダールは『Adieu au Langage』という来るべき新作のタイトルを口にしていた）。しかしそれは時系列的に連続しているという単なる事実とは、かなり違った意味においてである。このことを、私はおいおい示していくつもりだ。

だが少しだけ先に言っておこう。「想像力を欠く、すべての人は、現実へと逃避する」という字幕を目にした時、すぐさま私は『ソシアリスム』のラスト間際の、あのおそるべき字幕――「法が正しくない時、正義が法に勝る」を思い出していた。より精確に言えば、二つの文を脳内で接続していた。接続詞は逆接だった。すなわち、法が正しくない時、正義が法に勝る。「だが」、想像力を欠く、すべての人は、現実へと逃避する。ジャン＝リュック・ゴダールの正義論。齢八十を超えて、彼は今、かつてないほど苛烈に怒っている。そう思える。もちろん『ソシアリスム』のくだんの字幕は、直前にＦＢＩの著作権侵害警告文が表示されていることから考えて、そこでゴダールが直截に相手取っているのが、知的所有権問題＝コピーライトの体制であることは確かなのだが（もちろん、そのすぐ後に表示される字幕が「ノーコメント」であることも忘れてはならない）、しかしここでの「正義」の一語の射程は、

上・下／『ゴダール・ソシアリスム』

間違いなくそれよりもはるかに広い。「法が正しくない時、正義が法に勝る」とは、ゴダール自身の説明によれば「68年5月に耳にした組合活動家の農民の言葉」だという。更に付言しておくなら、「現実への逃避」という文言から、『ソシアリスム』に出演していたアラン・バディウ（と共闘関係にあるスラヴォイ・ジジェク）の思考の反響を聴き取ることも十分に可能だろう（バディウとジジェクは現代哲学を代表する「コミュニスト」――広義の、あるいは狭義の？――だが、ゴダールは『ソシアリスム』という題名は『コミュニズム』あるいは『キャピタリズム』であっても構わなかったと語っている）。だが、この問題に踏み込むのは時期尚早だろう。ともあれ『ソシアリスム』と『さらば、愛の言葉よ』が、或る種の姉妹作であることは間違いない。

しかし、それだけではない。ジャン゠リュック・ゴダールの最新長編であり、彼の最後の長編になるかもしれず（実際ＪＬＧはそんな発言を何度もしている）、だがそれゆえにこそ、まずそうはならないだろう『さらば、愛の言葉よ』は、ある意味で、幾つもの意味で、『ソシアリスム』以前／以外の複数の映画の「パート2」でもある。しかしそれは、ひとりの映画作家のフィルモグラフィが結局は全部繋がっている、という単なる常識とは、まったく違った意味においてである。そのことも、私はこれから示していくつもりだ。

とはいえ、まずは「2」よりも先に「3」の話をしておかなくてはならない。３Ｄの話を。

ところでしかし、ここで問うておくべきことがある。それは、そもそも果たして『さらば、愛の言葉よ』は「3D映画」なのか、という問いである。いや、それはもちろんそうなのだが、しかしそこにある数字は、ほんとうに「3」なのだろうか？

3-2

いまや少なからぬハリウッドの大作映画が3Dで撮影され上映されている。ここは、その歴史的経緯や技術的要件や将来的な展望などを述べる場ではないし、そもそも私にはその資格も能力もないのだが、大雑把な見取り図ぐらいは示しておくべきだろう。未だサイレント時代の一九二二年に、早くも史上初の3D映画と言われる『The Power of Love』が製作されている。初期の映画はアトラクション的な意味合いが濃かったわけだが、3D＝立体映像＝飛び出す映画も、そうした趣向の一つとして発明され、折りに触れて製作されてきた。一九五〇年代には一時的なブームの様相を呈し、周知のようにアルフレッド・ヒッチコック監督が『ダイヤルMを廻せ！』（1954年）を3Dで撮っている（ヒッチコック自身、作品としても3D映画としても必ずしも成功作ではなかったと思っているようだが）。その後、一九八〇年代にもスペクタクル映画の隆盛の余波として、ホラーやパニック映画など低予算作品を中心に3Dが集中的に製作された時期があった。これらのブーム以外にも、いうなれば3Dは映画の歩みのその端っこ、もしくは裏側に、常に存在していた。だがそれゆえにこそ、或る時期まで、それは「映画」の本来的な価値からは一段も二段も低められた、文字通りの「出し物《アトラクション》」の地位に留め置かれていたと言っていい。

そんな状況が大きく変わったのは、言うまでもなくデジタル時代になってからである。特に今世紀に入って以降、ハリウッド映画は、新たなデジタル・テクノロジーの寄与によって、ますますアトラクション性、そしてスペクタクル性を強めていった。出し物性と見せ物性。それはまずはコンピュータグラフィックス(CG)の日進月歩によって急速に促進されたが、そのベクトルから3Dといういにしえの技法/様態が浮上してきたのだと考えられる。現在はいわば三度目の3D映画ブームが続いている。いや、ブームなどという一過性の段階をとうに越えて、もはや3Dはハリウッド映画のデフォルトになっていると言っていいかもしれない。

アトラクション化/スペクタクル化とは、端的に言えば映画観客の受容のモードを「鑑賞」から「体験」に重心変更することである。「目と耳」から「身体」への領域拡張と言い換えてもいい。これは間違いなく、ブルーレイに代表される次世代DVDの台頭による家庭内視聴(ホームシアター)の充実、インターネットによる映像配信の大容量化と高速化、そして広義のコンピュータ・ゲームの蔓延への対策として打ち出されてきたものだ。二十世紀末頃から、映画／館というメディアは、以前にも増して古くて重いものになってきていた。実際、ゼロ年代の前半、ハリウッドは興行的にいささか不振だった。地盤沈下からの復調と、あわよくば拡大増進を目指すためには、映画館でスクリーンを見据えるという行為そのものを大がかりにヴァージョン・アップしなくてはならない。そこで3Dという技法が再発見されたということだと思われる。

三次元化＝立体化の原理は、最初期から基本的には変わっていない。両眼の視差（パララックス。右目と左目の間の距離による視界の差異）を利用して、特殊な眼鏡で左右の目にズレた映像を見せることで、遠近／立体の感覚を生じさせるというものである。大昔は青と赤のレンズだったが、現在のデジタル3Dには、何種類かの偏光フィルター、液晶シャッターなど、幾つかの方式がある。そもそも眼鏡を装着させられること自体、身体レヴェルでの非日常的な「体験」としての映画視聴を否応無しに際立たせることになる。それは確かにはるか昔からあったものだが、急激に進行したフィルムからデジタルビデオへの移行は、3D体験の強度と精度を飛躍的に増大させた。現在のハリウッドは3D映画を巨大アミューズメントパークの最新アトラクションと同一カテゴリの娯楽装置と看做しており、新作のみならずシリーズ作や過去のヒット作なども3Dに変換されて新たな生を歩むに至っている。そして

上・下／『さらば、愛の言葉よ』

それはそれとして時代の変化に対応したハリウッドの生存戦略ということであり、文句を言っても詮無い事ではある。

だが、それでもゴダールは牙を剥く。批評家時代から一貫して、ある時代までの「アメリカ映画」を偏愛し、ある時代以後の「ハリウッド映画」を敵視してきたゴダールが、こんにちの3Dの隆盛を「災厄」と呼ぶのは至極当然のことだと言える。だが彼は災厄から我が身を退けるのではなく、その渦中に飛び込む。これはたとえば「ビデオ」や「テレビ」にかんしてもそうだったのだが（かつてゴダールは両者を批判しつつビデオでテレビ番組を撮っていた）、ゴダールは彼が「映画」への「災厄」とみなした敵の内部に「例外」を穿とうとする。JLG自身という唯一無二の例外を。あらゆる意味で、ジャン＝リュック・ゴダールとは例外的な存在だ。その例外性は、3Dにかんしても遺憾なく発揮されている。彼は『さらば、愛の言葉よ』を、何よりもまず「3D映画」の例外として、すなわち「3D映画」へのラディカル（根源的＝急進的）な批判として撮った。

だが、核心へと踏み込む前に、もうしばらく廻り道をしておかなくてはならない。ゴダールが『さらば、愛の言葉よ』で、いったい何をしているのかを明らかにするためには、以下はどうしても必要な迂回なのだ。

デジタル3D映画であることの意味と効果を作り手が明確に認識して製作された、いうなれば最良の「3D性」を体現している作品として、ジェームズ・キャメロン監督の『アバター』（2009年）と、アルフォンソ・キュアロン監督の『ゼロ・グラビティ』（2013年）を挙げるのはごく妥当なことだろう。『アバター』は、キャメロンが3D映画用に独自に開発した「フュージョンカメラシステム」で撮影されているが、『ゼロ・グラビティ』は、ポスト・プロダクションの段階で2Dから3Dに変換されている。キャメロンは企画当初から「いまだかつてない3D映像」を目標値に定めて『アバター』を製作したが、同作から『ゼロ・グラビティ』までの約四年の間に3D技術は加速度的に進んでおり、キュアロンも3D上映／視聴を念頭に『ゼロ・グラビティ』を撮影したと語っている。二作品は各々の製作時点におけるデジタル3D映画の最先端の達成であったと考えていいだろう。

では『アバター』と『ゼロ・グラビティ』に代表されるデジタル3D映画は、以前の3Dと、どう異なっているのか。よく言われるのは「奥行き感」である。だが、これはさすがに言葉不足だろう。元より3D映画の三つ目の次元は Depth ＝奥行きのことであり（言わずもがなだが他の二つの次元は幅＝ Width と高さ＝ Height である）、奥行き＝デプスの導入による立体感の描出こそ、3D映画の肝であるのだから。

なのでもう少し丁寧に述べてみよう。旧来の3D映画では、物体や人物がこれみよがしに浮き出していたり、画面から何かが飛んできたり、極端な仰角で撮られていたりといった、露骨に立体感を意識させようとする演出が多く、それゆえにかなり不自然なショットが頻出する結果になりがちだった（ヒッチコックもこの点に難儀したようだ）。そんな文字通りの飛び道具的な扱いが、３Ｄという「出し物／見せ物」には似合っていたということだろう。つまりこれは、映像（の一部）がこちらに飛び出してくることによって、相対的な奥行き感らしきものをかろうじて生じさせていたということである。

　しかもフィルムによる３Ｄの場合、デプスの範囲にはおのずから限界があった。３Ｄ映画とは、そもそもが毎秒24コマの静止画像（＝写真）の連続が齎す残像効果による運動性の知覚、つまりは一種の紛れもない錯視である「映画」というイリュージョンに、視差＝パララックスという、いまひとつの錯視を重ね描きしたものだが、それゆえに観客の脳内で仮構される立体感は、ヒト×シネマの物理的スペックによってあらかじめ条件付けられている。従って、このシステムで表現可能なデプスには、必ず上限が存在する。つまり一定以上の立体感は、どうしたって不可能だったのだ。それでも３Ｄであることをしかと意識させるために、あのいかにもわざとらしいショットを挟まざるを得なかったのである。

　ところがデジタル３Ｄは、この限界を突破する。アナログなフィルムからデジタルなビデオへの移行（プラスＣＧの貢献）は、より深く、かつ精度の高いデプスの生成を可能にした。パララックスだけは変えようがないので、他の諸条件をアップデートする。繰り返すが、基本的な仕掛けは変わっていない。錯視であることには変わりない。だが、テクニカルな話はすっ飛ばして言うならば、要するに錯視もデジタル化されたのである。コマはフィルム＝物質だが、ビデオフレームはデータ＝情報である。物質にはない可変性／可塑性が情報にはある（逆もまた真なりだが、今の話とは別だ）。端的に言うとデジタル３Ｄは、毎秒24コマの拘束を乗り越える。前提となるスペックが上がれば、錯視のスペックも当然向上する。データ＝フレーム＝デジタルの情報処理力（演算、圧縮、合成など）の貢献で、二重の錯視にもとづくデプスと／による立体感の捏造（と敢て言っておく）は、フィルム時代とは比較にならないほど大がかりかつ精密に制御出来るようになったのである。

『アバター』の物語は、アルファ・ケンタウリに位置する衛星パンドラを舞台に、下半身不随の元海兵隊員が、地球人とパンドラの先住民族ナヴィのＤＮＡを掛け合わせて造られたアバターと呼ばれる人工生命体に神経接続してナヴィと接触し、地球の資源開発公社ＲＤＡ社から与えられた任務を遂行しようとするが、ナヴィの若い娘と知り合ったのをきっかけに、やがて人間とナヴィの板挟みになってゆく、というものである。この映画をビデオで見直してみると、まず野外／屋内を問わず、奥行きを強調した構図が非常に多いことにあらためて気付かされる（逆説的ではあるが、このことは２Ｄで見た方がよくわかる）。

映画のファーストショットは、パンドラ（？）の大自然の上空を画面奥に向かって飛行してゆく視点映像である。だがこれは主人公が見ていた夢で、目覚めると彼は人工冬眠カプセルの中にいる（空撮に続くのは彼の見開いた瞳のショットであり、この作品が「見ることの映画」であることを明確に宣言している）。カプセルから出されると、そこはパンドラへと向かう宇宙船の内部で、乗組員たちが浮遊する無重力状態の中、沢山の冬眠カプセルが深いタテの構図の奥にずらりと続いている。冒頭からすでに二つの印象的な画面が『アバター』の「3D映画」としてのアイデンティティをありありと示している。

これらに限らず、この映画では全編を通して、ヴィジュアル的にもアクション的にも、デプスとパースペクティヴ（遠近法）を活かした絵作りが意識的に成されている。それはしかし昔の3Dのわざとらしい視覚効果ではなく、映像設計にごく自然に組み入れられている。キャメロンは観客に奥行きと遠近を適切に意識させるフレーミングとカメラワークを巧みに積み上げて、デジタルならではの3D効果を着々と披露してゆく。そういえば映画の序盤、地球人居留区の基地内でRDA社の責任者がパターゴルフをやっている場面では、当然のごとくタテの構図で、画面の奥からこちらにボールが向かってくる。一打目はカップインするが、二打目は彼に文句を言いに来た女性科学者の手によって直前にカップが取り去られ、ボールは更に手前に転がってくる。この如何にも往年の3D映画を思わせる演出は、監督キャメロンの悪戯心めいた目配せと言えるかもしれない。

だが、デジタル3Dの効力が最大限に発揮されているのは、何と言ってもアクション・シーン、とりわけ空中の集団戦闘場面だろう。パンドラの飛行生物を駆るナヴィと、地球の傭兵が操る攻撃用ヘリが交戦する場面は、まさに三次元的なダイナミズムで描かれている。多数の飛行体が、激しくめまぐるしく交錯するその光景は、それ自体も立体的に動き廻るカメラによって捉えられることで、いわゆる3D酔いギリギリの、文字通りアトラクティヴな見せ場となっている。そこではデプス／パースによる表現を越えて、天地左右前後を自在に回転する空間性＝運動性が獲得されている。奥行き感から立体感へ、そして360度の全方位的な感覚へ。キャメロンが持てるテクニックのすべてを投入して現出させた、デジタル3Dにしか不可能な超弩級の臨場感が、そこにはある。

このようにキャメロンが切り拓いたデジタル3Dの可能性を受け継ぎ、徹底的に突き詰めてみせた者こそ『ゼロ・グラビティ』のキュアロンである。思いがけない事故（スペースシャトルと宇宙ゴミの接触）によって大宇宙で遭難した女性科学者の、地球へのたったひとりの決死の帰還を描いたこの作品は、映画の九割方が宇宙空間、そうでなくとも無重力状態であり、三次元性は作品の発想の根幹にかかわっている。いや、そこでは三つの次元の区別が存在していない。天地左右前後を一切固定出来ない、文字通り360度の漆黒の空間が、この映画の舞台なのだから。そこでキュアロンは、多くのショットで、青く光る巨大な球体＝

地球を背景に据えることで、遠近の視覚的差異を観客に与えている。そして幾度となくヒロインを襲う危機の場面においては、虚空へと遠く弾き飛ばされそうになったり、ケーブル（命綱）に繋がれて大きく弧を描いて廻転したりといった、宇宙という設定ならではの映像表現をヴァリエーション豊かに配して、360度的な空間＝運動感覚を齎している。

こうしたアイデアの数々は、もちろんデジタル3Dによって、その効果を極限まで強化されている。実際のところ『ゼロ・グラビティ』は、『アバター』以上に、3Dと2Dでの視聴に大きな違いがある（キャメロンは実のところ2Dで観られることにもかなり留意していると思われる）。こう言ってよければ、『ゼロ・グラビティ』は『アバター』よりも更に本質的な意味での3D映画、それも「デジタル3D映画」なのである。あらゆるショットが、演出が、モンタージュが、デプスの限界突破と、パースペクティヴの仮構と、360度性に奉仕している。いや、そこではストーリー自体も「デジタル3Dであること」から逆算されている。『アバター』は2Dでも「鑑賞」することが出来る。だが、誤解を畏れずに言えば、『ゼロ・グラビティ』はデジタル3Dで「体験」しないと、作品としての価値が根本的に失われてしまうのだ。

しかし、それはつまり、もはや「映画」であることから逸脱しかかっている、ということではないだろうか。すなわち、純然たる「アトラクション」への変容に、この作品は足を掛けているのではないか？　それがキュアロンの本意ではないとしても。それで構わないのだとしても。むしろそれを目指すべきなのかもしれないとしても。このことは『ゼロ・グラビティ』の評価とは別個に考えてみなくてはならない。

端的に述べてみよう、以前の３Ｄ映画では映像がこちらに飛び出してきた。だがデジタル３Ｄでは、こちら（の視線）が映像の中に飛び込んでゆくのである。ベクトルが逆になっているのだ。『アバター』や『ゼロ・グラビティ』は「飛び出す映画」ではない。それは「飛び込む映画」なのである。かつての立体化は観客が装着している眼鏡からスクリーンまでの距離＝空間の中で生じていた。だが今やスクリーンの向こう側に、立体的な、三次元的な、３６０度的な空間が広がっている。映画観客にとって、スクリーンの向こう側は所詮、現在形の時空間とは隔絶した映像の領域でしかないわけだが、にもかかわらず、あたかも自分自身が、その中に存在しているかのような感覚を抱かせてくれるのが、デジタル３Ｄなのである。

デジタル３Ｄとは、単に三つ目の次元、デプスの加算ではない。２Ｄ映画はもちろんのこと、アナログ３Ｄも到達すべくもなかった、観客自身の「映画＝世界」内における実在感＝リアリティの仮構／捏造の技術なのだ。そこでは「観るのではない。そこにいるのだ」（『アバター』公開時のキャッチコピー）という実感＝錯覚を、見る者に如何にして与えられるかが眼目とされている。もちろん、これだってイリュージョンに過ぎない。錯視を重ねた果てに現れる虚像に過ぎない。だが、たとえ心理的なものでしかないにせよ、この変化は極めて重大だと私には思える。もはや3Dに見えるかどうかはまったく問題ではない。そうではなく、3Dの世界がここにある、というリアリティこそが、デジタル3Dが追い求めているものなのである。

スクリーンを「窓」だと考えてみよう。この窓は世界を二つに分割している。窓を通り抜けたあちら側に、こちら側の現実とは別の世界が広がっており、デジタル3Dというテクノロジーによって、観客はその内側へと誘われ、引き込まれる。異世界への侵入。『アバター』や『ゼロ・グラビティ』に限らずデジタル3D大作の多くがSFやファンタジーであるのは、おそらくこれがひとつの理由である。そして、この時、スクリーンと観客との間にあった筈の物理的／心理的な距離＝空間は、ほとんど消失してしまう。或いはこう言い換えてもよいかもしれない。デジタル3Dは「窓」の位置を、「スクリーン」から観客が装着している「3D眼鏡のレンズ」へと移動させたのだと。消されたのはスクリーン手前の距離＝空間というよりも、スクリーンそのものだったのだと。

以上のごとき「デジタル3D性」は必然的に、いわゆる主観ショットの多用、でなくとも重用を導き出すことになるだろう。この手法は3D以前に、映画本来の「出し物／見せ物性」と結びついている。昔、遊園地でやっていた、猛速力で疾走する乗り物上に据えられたカメラから見た映像だけの映画＝アトラクション。要はあれの3D強化版である。観客の視点を映画内人物の視点に同期させることで、まさしく「世界」の只中へと呼び込むこと。

主観ショットの効力は『ゼロ・グラビティ』に遺憾なく発揮されている。この映画で、観客はヒロインに、あらゆる意味で同一化することを求められる。そこでは映像自体が感情移入の装置になっており、今日のハリウッド映画としては破格に短い九十一分（ちなみに『アバター』は百六十二分／完全版は百七十八分）という上映時間中に、主観ショットを頻繁に差し挟むことで、キュアロン監督は、この映画を見ているわれわれ自身を宇宙空間に引き入れ、サバイバルに突き落とす。前半を除けば、この映画にはヒロインただ一人しか出てこないが、この特殊な設定が視線の同定に適していることは言うまでもない。観客は、いつの間にかヒロインになっている（されている）。これこそ「実感＝錯覚としてのリアリティ」である。

『アバター』では『ゼロ・グラビティ』のように大々的に導入されているわけではないが、キャメロン監督は要所要所に主人公の主観ショットを挟み込むことで、絶妙な効果を上げている。また、この映画では、多くのシーンで、主人公はアバターに接続＝同期されているので、主観は二重化されている（映画の冒頭はこのことを予告している）。アバターの目を通した主人公の目を通して観客は見ている。接続解除の場面を挟み込むことで、キャメロンは視線の同期を随所で断ち切ってみせる。主人公とアバターの関係は、明らかに観客と3D眼鏡の関係に重ねられている。

だが、より注目すべきは、この作品の幾つかの場面（特に戦闘シーン）で、主人公に限らない映画内人物の主観ショットと、そうではないショットを腑分けすることがほとんど不可能であるような、非常に断片的で多視点的なカメラワークとモンタージュが成されていることである。実はこれは近年のハリウッドでは2D映画でもしばしば見られる手法だが、3Dによって、その複雑さの印象はいや増すことになる。そこでは「誰が見ているのか」ではなく「誰かが見ている」という感覚だけが、強く伝わってくる。つまり、視線の主体の特定のみならず、「主観／客観」という二項対立自体が、ほぼ無効化されてしまっている。いや、むしろ全てのショットが「客観」から「主観」へとなだれ込んでいると言った方が正しいかもしれない。誰のものであるのかわからない、だが誰のものでもないわけではない、誰か（たち）の主観ショット群。

しかし、それらのショットを今まさに見ている者は常に必ず存在している。そう、観客である。こうしてキャメロンは、正体不明の主観ショット（らしきもの）を、観客自身の主観ショットに変換してしまう。これも「映画」の「体験装置」化であることは言うまでもない。

観客は気付くとパンドラの戦いの只中に居る。従って、先の「観るのではない。そこにいるのだ」は、次のように書き換えられなくてはならないだろう。「観ることによって、そこにいるのだ」と。

われわれの現実世界は三次元である（たぶんそうだろう）。デジタル3Dは「異世界《あちら》」を表象しつつ「現実《こちら》」を欲望する。ただ単に二次元にデプスを足しただけではない、360度の実在感。ひとつの世界が存在しており、その中に他ならぬ自分自身が存在しているという感覚。リアルなアンリアルの設計と構築。われわれは、この企みを言い表す言葉を知っている。ヴァーチャル・リアリティ。人工現実性。けれどもしかし、かといって3Dはけっして「現実」ではない。それはむしろ映像＝イメージの非現実性を強化してさえいる。デジタルの魔法によって、その強度が或る閾値を超えたことで「実感＝錯覚としてのリアリティ」が生じているに過ぎない。そして繰り返すが、それが悪いわけではない。それはそれでよい。デジタル3Dは「人工現実」を表象しつつ「世界」を欲望する。それは「窓」が消滅した世界、こちら側とあちら側の境界がなくなった世界、「今ここ」が「いつかどこか」と通底された世界である。

だが、それでもやはり言っておかなくてはならないことがある。ここまで述べてきたことを全て覆すようだが、誰もが知っているように、実のところは、2Dだろうが3Dだろうが、観客が対峙し見つめているのは、徹頭徹尾、スクリーンに投影された光線の束でしかない。つまりそれは横長の矩形で縁取られた動く映像である。スクリーンの平面性／二次元性は、たとえデジタル３Ｄになったとしても、ほんとうは何も変わっていない。アナログのフィルムであってもデジタルのビデオであっても、「映画」と呼ばれる有限の映像の連鎖は常に、垂直に立てられた平面＝矩形に映し出されている。あまりにも当然のことではあるが、この事実は極めて重要だ。スクリーンは消失したのではない。ただ忘却されている、いや、忘却を演戯させられているに過ぎない。逆に言えば、デジタル３Ｄを「映画」に繋ぎ止めているのは、もはやこの垂直の平面だけである。遠からず、彼らはそれさえも捨ててしまうかもしれない（３Ｄ眼鏡の先にそれは既に見えている）。３Ｄ映画が「映画」でなくなる時は、刻々と迫っている。

　だからこそ、ゴダールは３Ｄで『さらば、愛の言葉よ』を撮ったのだ。彼はこの映画で、ここまで記してきた「デジタル３Ｄ性」を、ことごとく無視、或いは蹂躙している。すぐさま断わっておくが、これは規模や予算の問題とはまったく違う。彼はキャメロンやキュアロンが、何とかして消そうと、消したことにしようとして、なかばそれに成功したとも言える「映画」の原理的条件に、確信ありげに立ち返ってみせる。すなわち、垂直に立てられた「平面＝スクリーン」を、他でもない「３Ｄ」という試みにおいて／よって、いま一度、敢然と取り戻そうというのである。

3 - 3

『さらば、愛の言葉よ』に戻ろう。水飲み場のショットに続くのは、近年のゴダール映画ではお馴染みのスイスのニヨンにある「ガス工場」という名の文化施設前の路上のシーンである（「USINE A GAZ」という文字が壁に書かれている）。本が並べられたテーブルの手前に初老男性の後ろ姿が立ちはだかる。彼は白いコートを脱いだところだ。先ほどの若い女が何冊かを手に取っている。その後ろで店員であるらしい長髪の若い男が、大きな赤のパラソルを広げようとしている。そこに右から自転車を押した女性がフレームインしてきて、男性と握手を交わし、若い女にキスしようとした途端に映像は途切れ、一瞬前のフレームインから、何故かもう一度再生される（この不可解な繰り返しについては「2」で述べる）。自転車の女性は一旦歩き去り、男性もフレームアウトする。若い女は持っていた本をテーブルに投げ出す。さっきの女性が再び、今度は歩いてやってきて、若い男とキスを交わす。また男性が画面に現れ、本を一冊手に持ち、若い女と握手しながら「仕事して（travailler）」と告げてフレームアウト。ここまでがワンショットである。

次は、やはり「ガス工場」前、先ほどの初老男性がベンチで本を読んでいる。彼が捲っているのはソルジェニーツィンの『収容所群島』だ。画面奥の少し離れたところでiPhoneを弄っている先ほどの女性に男性が「この本の副題は？」と訊く。男性は女性をイザベルと呼ぶ。「ググることはない。彼が付けてる」と男性は言って、本の表紙を見せる。向こうからイザベルがやってきて、それを読み上げる。「文学的考察」。これら二つのショットは、どちらも前景と後景に人物を配した奥行きを活かした画面となっている。ゴダールは明らかに遠近法を意識している。いや、意識してみせている。ほら、こういうのが3Dなんでしょう、と言わんばかりだ。

3Dっぽさを殊更に押し出したショットは、この後も続く。本屋のテーブルに戻ると、三人の人物が居る（全員が首から上が映っていない）。手前の男は本を次々と手に取っている。ドストエフスキー『悪霊』、レヴィナス『時間と他者』、パウンド『労働と摩耗』。その後ろでは二人の男（ひとりは先の店員）が、互いのiPhoneで何かを打っては交換し続けている。今日の書物の置かれた立場を皮肉に表したショットと言えるかもしれないが、見逃してはならないのは、その間に彼らの向こうをブルーの車が通り過ぎることだ。この車は後で意味を持ってくる。ともあれ、このショットもやはり遠近の構図である。以上のとりあえず三つのショットが、いずれも微妙に斜めに傾いだ、言ってしまえば不自然に雑なフレーミングで捉えられていることも言い添えておくべきだろう。

この後、初老男性（後で哲学教授ダヴィッドソンと判明する）の声が、旧ソ連の科学者ツヴォルキンの名を口にする。ツヴォルキンは一九三三年にテレビを発明した。この年はヒトラーが「民主的に」首相に就任した年でもある、と。ヒトラーの映像が引用される。それをきっかけに、しばらく続く黒画面に重ねて、誰かわからない女の声が長いナレーション（朗読？）を始める。「ヒトラーは言ったことを、実行した。軍事的な敗者が、政治的に、勝者になることはあった。たとえば、革命や帝国の軍隊は、結局、制圧された。だが、共和制の概念を、全欧州に広げた」。またしてもやや傾いた画面で、ダヴィッドソンが iPhone を目の前に掲げているショットが一瞬モノクロの静止画面で映り、すぐにカラーになる。彼はイザベルに、ジャック・エリュールを知っているかと尋ねる。エリュールは一九一二年生まれ（一九九四年没）、現代のテクノロジーを批判した『技術社会』で知られる思想家。また黒画面を挟んで、遂にはじめて「1：自然」のヒロインであるジョゼット（エロイーズ・ゴデ）の姿が、モノクロで映し出される。だが、まだ音はない。ジョゼットは何かを叫ぶ。ダヴィッドソンに戻り、彼は iPhone を回転させて画面をこちらに向ける。表示されているのはジャン゠リュック・ポルケ『*Jacques Ellul, l'homme qui avait presque tout prévu*』の表紙だ。ダヴィッドソンは述べる。「1945年、ジャック・エリュール。ほぼ将来を見通してた。

原子力、遺伝子組み換え食品、宣伝広告、ナノテクノロジー、テロリズム」。また黒画面になり、女声のナレーションが続く。「人は国家に頼りすぎる。何か不都合があると国家のせいにする」。ダヴィッドソンの声が先の続きの「失業（Chômage）」という単語を繰り返す。女声は続く。「……現代の民主主義は、孤立と疎外から、政治を変質させ、全体主義へと……」。地面に雨が降っているショットがサウンド入りでインサートされた後、爆弾投下のスロー映像が続く。「反抗するということが統制経済への反発であり、警察や福祉への反発も、含むと仮定すれば、全国民が自分自身と対立することもありうる。ヒトラー創案のものなどない」。大戦時ドイツのフッテージがモンタージュされる。「長い伝統から生まれた危機だ。マキアヴェリ、リシュリュー、ビスマルク」。この後、先程来の若い女マリーが恋人であるらしい書店員の男アランに「恐怖政治」について問いかける。唐突にツール・ド・フランスの選手の主観映像がインサートされた後、次に黒画面、ではなく、その中央に小さな白丸（穴？）が抜けているだけのショットが挟まれる。奇妙といえば奇妙だが、つい見落としてしまいがちなこの画面は、これ以後も何度か挿入されることになるだろう。だが、まだその意味は説明出来ない。「アフリカについての見解」を求める女の声が再び聞こえてくる。そしてブレた手持ちカメラの、雨の日の道端の花々の映像。

なんと映画は始まってからまだ十分も経っていない。なのにこの情報量は何ごとだろうか。

しかも驚くべきことに、すでにこれだけの事が語られているのに、肝心のジョゼットの物語は、ほとんど始まってもいない。

ジョゼットの物語（らしきもの）は、この少し後でようやく語り出される。だがその語りは、近年のゴダール映画の例に漏れず、いや、それ以上に極端に省略された、おそろしく断片的な、甚だ不親切なものであり、一度観たぐらいでは登場人物の間で何が起こっているのかを（というよりも「誰」が「物語」の「登場人物」であるのかも）多少とも摑むことさえ難しい。だが、ともあれその端緒が示されるのは、やはり「ガス工場」前のシーンである。まず、先ほどダヴィッドソンが座っていたベンチ（今は誰も居ない）の向こうに、例の車が止まり、中から男が出てきて、タバコに火をつける。画面はまたもや僅かに傾いている。赤いパラソルの下で寄り添うマリーとアラン。マリーはアランが読んでいる本（おそらくピエール・クラストル）を朗々と朗読する。さっきまでイザベルの居たベンチにジョゼットが座っている。車から降りた男がやってきて、彼女の肩を乱暴に摑んで立たせ、ドイツ語で口汚く罵る。車が画面左へと走り抜けてゆく。ジョゼットが「どうでもいい！（Ça m'est égal!)」と答えると、男は激昂した様子で彼女を叩いて突き飛ばし、車の去った方へとフレームアウトする。突然、銃声がして、ジョゼットは体をビクリとさせる。誰かが撃たれたらしい。本屋に居た連中が慌てて画面を横切ってゆく。ジョゼットはもう一度「どうでもいい」と呟く。

男の焦った大声が聞こえ、車が来た方向へと走り去ると、ジョゼットも歩き出し、フレームアウトする。すると、画面の奥の道を通りかかって一連の出来事を目撃しており、だがどうするわけでもなくその場に佇んでいた男が、こちらにゆっくりと歩いてきて、誰もいないベンチをぼんやりと眺める。この時点ではまだ何もわかっていない(この先も十全にわかるわけではない)が、この男はゲデオン(カメル・アブデリ)。この次のショットは、顔は映っていないがジョゼットが木の葉の浮かんだ水で手を洗っていると、やはり姿は映らないが、ゲデオンの声が「君に従う(Je suis à vos ordres)」と告げる、というものである。「1:自然」は、ここでひとまず終わる。ここで先回りして教えておこう。「自然」と題された、『さらば、愛の言葉よ』の少なくとも二分の一は、ジョゼットとゲデオンの恋の「物語」である。

ジョゼットがドイツ語を使う男(彼女の夫であるらしい)と揉め、銃声がして、ゲデオンが登場するショットも、これみよがしに画面の手前と奥に人物や物体を配置していた。このように『さらば、愛の言葉よ』の、特に序盤には、むやみと奥行きを用いた画面が頻出する。これはどう見ても意識的な選択だ。しかし、かといって『アバター』のように視線が吸い込まれるようなタテの構図が出てくるわけではないし、カメラが画面の奥にトラッキング(移動)したりするわけでもない。確かに3Dでデプスとパースは歴然と強調されているが、それはまあ、言ってしまえば、さほどのことでもない。というよりも、それらはほとんど「3

D映画であること」のアリバイ作りのように見える。まるでそれは、古き良きフィルム時代の3D映画（それもどういうわけか妙に〝雑〟に撮られた）のようなのだ。

だが、実際には『さらば、愛の言葉よ』は完全なデジタルビデオ作品である。前作『ゴダール・ソシアリスム』――原題が『FILM SOCIALISME』であるにもかかわらず――は全編デジタルビデオで撮られた後で35ミリフィルムに転写されていたが、この映画では遂にビデオのままとなり、当然映写もビデオプロジェクターで行われる。フィルムは、この作品の工程では一切用いられていない。そしてゴダールは「3Dであること」以前に、まずもって「デジタルビデオであること」を、極めてゴダール的なやり方で、過激に追究している。

ゴダールがデジタルビデオを最初に本格的に使用したのは、彼の二十一世紀最初の長編『愛の世紀』（2001年）、精確に言えば、その後半パートにおいてだった。同作は前半が反時代的とさえ言っていいほどに美麗で端正な白黒の35ミリフィルムで描かれているが、後半（物語上は二年前）に入ると、突然、デジタルビデオになる。映像はあちこちで画像加工とモーションコントロールによって異様に変形し、フィルムとビデオ、アナログとデジタルのコントラスト／コンフリクトが、残酷なまでに露わにされていた。また、三部構成の第一部は『映画史』（1988～1998年）と同様のビデオコラージュだが、劇映画となる第二部以降はフィルムで撮られている『アワーミュージック』（2004年）には、サラエヴォにレク

上・下／『愛の世紀』

チャーにやって来たゴダール自身が、聴衆から「ムッシューゴダール、デジタルビデオで世界を救えますか？」と問われるが、逆光のアップで無言を貫くという意味ありげなシーンがあった。デジタルビデオのみで撮影された長編映画は『ゴダール・ソシアリスム』が最初である。そしてそれは、先の問いへのひとつ目の答えでもあった。

『ソシアリスム』を観た時に大層驚いたのは、そこではあのゴダールならではの抜きん出た画面造形の美学（などという凡庸な語がＪＬＧには似合わないのは百も承知だ）が、ほぼ完全に捨て去られていたことだった。とりわけ三部構成の第一楽章「こんな事ども」の舞台である豪華客船内の、カジノやプールやダンスフロアのシーンには、焦点や絞りの適切な設定が放棄されていたり、色彩や明度の調整がおかしかったり、更には映像がグリッチ（デジタルエラー）していたりと、画調も画質もまるで異なった種々雑多なローファイなイメージ群が混在しており、荒々しくカオティックな様相を呈していた（付言しておけば、これはサウンド面でも同様で、ノイズが入ったままだったり、ピークを超えた爆音だったり、いきなり暴力的にカットアウトされたりと、まさにやりたい放題で、これは一体何ごとかと思ってしまったほどだ）。だが、驚きはすぐに納得に、そして確信に変わった。

疑いなくゴダールは、ある特定の時と場所という条件の下で、それが最も効力を発揮するその瞬間に、これ以上はあり得ない光線と色彩を枠取った画面、つまり完璧なショットを撮ることの出来るシネアストである。彼の映画でいったい何が物語られているのか、たとえさっぱり理解出来なかったとしても、そこには常に、われわれを理屈抜きに陶然とさせる、比類無く美しい映像（と音響）が数多く存在していた。だがおそらく、そんな才能は彼にはもう邪魔なのだ。ゴダールは「美」などという、所詮は相対的でしかない人間的要素には、もはや構っていられないのだ。齢八十を迎えて、そんな些細なことよりも、自分には火急にやってておかなくてはならないことがあるのだと彼は言っている。そう思えた。デジタルビデオは、そんな新しいジャン＝リュック・ゴダールの、新たな絵具になったのだ。

『さらば、愛の言葉よ』を観てしまった後では、まだしも『ソシアリスム』には「美学」が残留していたと思えてくる。確かに、あの映画にはゴダールにしか撮れない完璧なショットが、なお幾つかに存在していた。だが『さらば、愛の言葉よ』には、そういうショットはもはや無い。いや、後でも触れるように、美しさを感じさせる画面はありはする。しかしそれらは、美的価値判断のヒエラルキーからも、また「映画的」な正しさの弁別からも解き放たれた、いわば偶有的な選択肢のひとつとして採用されているに過ぎない。『ソシアリスム』のブルーレイ版に附されたブックレットの解説で、堀潤之は「イメージの社会主義」という概念を提示している。それは「あらゆる種類のイメージにラディカルな平等性を付与」する「イメージの民主主義」という前段階からの展開として、論脈上は、前にも触れたコピーライト問題にかんして持ち出されているのだが、さしずめ『さらば、愛の言葉よ』は「イメージのアナーキズム」とでも呼べるかもしれない。『ソシアリスム』を凌駕するイメージ（とサウンド）のカオスが、圧倒的に多種多様な形式／様態の多種多様な水準／審級の映像が、まさしくアナーキーなまでのフレキシビリティと、ブリコラージュ的な手作業的センス、そして奇妙に極私的な親密さを伴いつつ、そこには溢れ返っている。何しろこの映画にはゴダール自身が iPhone で撮影したらしきショットまで含まれているのだ。

『さらば、愛の言葉よ』では『ソシアリスム』に引き続き、ファブリス・アラーニョが撮影監督を務めている。といっても、この映画の現場スタッフは録音技師も兼ねるアラーニョ、助監督にして製作主任のジャン＝ポール・バタジア、ゴダールの三人だけだったのだが。『アワーミュージック』では助監督だったアラーニョは、『ソシアリスム』で撮影を任されるやいなや、JLGをテクノロジカルな次元で強烈にアップデートさせた。その貢献度たるや、あの天才録音技師フランソワ・ミュジー（彼の名前は『さらば、愛の言葉よ』にはクレジットされていない）に匹敵するとさえ言ってよいかもしれない。

『さらば、愛の言葉よ』のエンド・クレジットでは、キャスト、スタッフ、引用された音楽家、引用された物書きと同じ扱いで、撮影に使用された機材とフレームレート（一秒間のフレーム数）が、以下のように明示される。

Canon	23.98
Fuji	24
Mini Sony	29.97
Flip Flop	30
Go Pro	15
Lumix	25

劇場パンフレットに訳載されたアラーニョのインタビューによれば、メインの撮影に使用されたのは、キヤノンのデジタル一眼レフカメラ EOS 5D MARK II である。アラーニョは、この動画も撮れるデジタル写真機を二台組み合わせて、独自の３Ｄ撮影装置を製作した（これが『三つの災厄』の予告編に映っていたものだ）。他の機材は、いずれも市販の軽量型デジタル（３Ｄ）ムービーカメラである。宣伝用に公開されたスチールには、アラーニョがこれら複数のカメラを一列に並べ撮影準備（?）をしている様子が写っている（クレジットにはないが、横で見守るゴダールの手には iPhone もある）。

それはまるでおもちゃに囲まれているよう、小さなロボットたちを手懐けているかのように見える。だが、これらこそゴダール（とアラーニョ）がハリウッドと闘うために選んだ武器なのだ。「ある種のカメラは映画を完全に新しい次元で見る手段を提供してくれる」とアラーニョは語っている。

ジャン゠リュックが「どんなカメラを使いたいか」と聞いてきたので、「HDビデオカメラは水彩画に似ていて、この写真用カメラは油絵か木炭画に似ている」と答えました。それで私たちは5Dを選んだのです。これは思えば面白いことで、というのもジャン゠リュックの『小さな兵隊』の中で主人公がアンナ・カリーナに「もし写真が真実なら、映画は一秒につき24個の真実だ」と言うのですから。いまや映画を撮るのに写真を使うわけです。

アラーニョはEOS 5D MARK II付属のレンズではなく、ライカのレンズを使用した。その理由は、キヤノンはあまりに完璧すぎる、欠陥がないからだという。「あくまで私の意見ですが、デジタルだとクリーンすぎるのです。私たちは1と0で出来ているわけではないので、不完全さが必要なのです。デジタル的に完璧な人間と恋に落ちることができるでしょうか。間違いを犯すのが人間です」。

アラーニョはデジタルをデジタルのままで「映画」の側へと引き戻すべく、さまざまなアイデアを投入する。もちろん、それはまず第一に「3D」へと向けられている。とりわけ興味深いのは、彼が3Dによって2Dが再発見される、という意見を持っていることである。

夜に撮ったショットで、上方に伸びる小道に俳優たちの影が差しているだけなのですが、もしこのショットが2Dで撮られていたとしても、確かに影は見えるでしょう。でも3Dだと、それ以上の何かになる。3Dの空間だと、道が遠近法で奥に伸びてゆき、2Dで映る影が見えます。なので3Dでは、2Dと「シネマ」が同時に見えるわけです。

「3Dは2Dを見るための良い方法です。実際、3Dはイタリア・ルネサンスの遠近法を逆向きにしたものなのです」とアラーニョは言う。絵画における遠近法とは平面（2D）上での立体性（3D）の再現＝表象の技法だった。3D映像も、三次元の実世界を二次元の画面に落とし込む技術である。カンバスもスクリーンも平面であることに変わりはない。だが3D映画では、立体性は「体験」として仮構＝捏造されている。だからこそ、今度は「逆向きに」、3D空間の内に平面性（2D）を見出さなくてはならない。地面に映った影は、いわば三次元化の余白である。それは3Dだからこそ、より2Dに見え（てく）るのだ。

インタビューのアラーニョの発言は、「3－2」でのわれわれの「デジタル3D映画」論とも、深く響き合っている。

今日のデジタル・テクノロジーはリアリティを再構成し、完璧に模倣することを目指しています。それはシネマ、芸術とは反対のものです。シネマや芸術とは、試験的な表象なのですから。しかしここでも、「過ちは人間的」(引用者註：聖書に基づく諺)で、デジタルにおける創造的欠陥をよく考えてみるならば、私たちは今、映画という失われた大陸を巡るエキサイティングな旅の始まりにいることが分かるでしょう。

いささか理想主義的に思えなくもないが、「デジタルにおける創造的欠陥」こそが「映画」を再起動するという主張が、すこぶるゴダール的であることは言うまでもあるまい。

では、再び『さらば、愛の言葉よ』に戻ろう。「2：隠喩　メタファー」が始まる。そして、そこでは「1：自然」で語られ／描かれたばかりの事どもが、極めて曖昧なかたちで、だが明らかに反復されてゆく。減速された泳ぐ人のモノクロ映像。戦場らしき爆撃の光景。ジャン゠ピエール・メルヴィル監督『恐るべき子供たち』(1950年)からニコル・ステファーヌのショット。彼女は「私は最後までやり抜く。長引く死を生きなくては。簡単ではない」と呟いて、カメラを真っ直ぐに見る。水辺の草を食むロクシー。こちらに向かってコマ伸ばしで片手を差し出してくる男のピンボケのショットに重ねて、女の声がサミュエル・ベケット『イメージ』の末尾を語る。赤い大きな「OH」に続いて字幕「LANGAGE」。またフェリーがやってくる。そしてダヴィッドソンが再登場する。彼は今度は海に面した堤防沿いのベンチで、ニコラ・ド・スタール（ちなみにド・スタールは一九一四年ロシア生まれ。「1：自然」でこの位置に相当するソルジェニーツィンは一九一八年旧ソ連生まれ。この間の一九一七年に十月革命が起こっている）の画集を捲りながら「世界の終焉」について独り言（？）を言っている。そこに若い男女が走り寄ってくる。手持ちカメラが無造作に動いてその顔を捉える。マリーとアランだ。二人は別れの挨拶をする。これから船でアメリカに旅立つのだ。アランは哲学をやると話す。ダヴィッドソンは「奴らに教えてやれ」と言う。アランは得意げにサルトルの『存在と無』から引用してみせる。ダヴィッドソンがマリーに「欧州で、幸福は新しい理念？」と尋ねると、彼女は「アフリカなら」と答える。その時、なぜか上下逆さまの画面となり、車がやってきて、男が降り立ち、ドイツ語で叫び、空に向けて銃を発砲する。言うまでもなかろうが、この男は「1：自然」のあの「夫」である。

マリーとアランが去っていくと、代わりにひとりの女性がダヴィッドソンに歩み寄る。彼女は「2：隠喩」のヒロイン、イヴィッチ（ゾエ・ブリュノー）である。彼女は男にドイツ語で言い返し、ダヴィッドソンが警察を呼ぼうと言うと、落ち着きを取り戻して「あの人、病

上・下／『さらば、愛の言葉よ』

気なの」と話す。次に突然、イヴィッチはダヴィッドソンに「1つ、質問」と言う。どうやら二人は教師と教え子の関係らしい。今はバカンスだから九月にしてくれ、とダヴィッドソンが答えると、彼女は「じゃ、2つの質問」と続ける。一つ目の質問は「社会は、殺人を認めるかしら、……を減らすために」。……の部分はデジタルノイズが被さって聞き取れない。「次のは？」とダヴィッドソンが促すと、イヴィッチは急に吃りながら「観念《イデア》と隠喩《メタファー》は、どこが違うの？」と問う。二人はド・スタールの画集を眺めながら話し続ける。ダヴィッドソンが「映像《イメージ》が、現在を殺していく」と言うと、イヴィッチは「現在は変な動物」と応じる。

真に異常と呼ぶべき現象が起こるのは、この直後である。私は最初、自分の目がおかしくなったのかと疑った。思わず何度も瞬きをして、両眼を擦り、左右の瞼を順番に瞑ってみて、ようやく自分の視界に何が生じているのか、ほとんど戦慄にも近い感覚とともに、まだ全面的にではないが、理解した。唐突に夫が画面に入ってきて、イヴィッチの肩を摑んで引っ張ってゆく。彼女はジョゼットと同じく「Ça m'est égal!」と言う。ダヴィッドソンは、さほど驚いた風でもなく画集を捲っている。少し離れた場所で、夫はイヴィッチに銃を突きつける。彼女はもう一度「Ça m'est égal!」と叫んで、銃を振り払って、ダヴィッドソンの傍らに戻る。何事もなかったかのように、彼はプラトンの話を始める。後景では夫が車に乗り込んで、クラクションを鳴らしてから走り去ってゆく。以上の一連の出来事は、ダヴィッドソンを映した固定画面と、イヴィッチと夫を捉えたパンニング（カメラを水平に振ること）の二重写しで見えていた。いや、それは普通の二重写し＝オーバーラップとは、明らかにどこか違っていた。もっと見えにくいのだ。一方をしかと見ようと意識すると、もう一方が見えなくなってくる。そしてやっと気付いた。3D眼鏡の左目と右目には、異なる画面が映し出されていたのだ。これればかりは実際にこの映像を見てしまった者にしかわかるまいが、それはおそろしく奇怪な体験だった。

より精確にトレースしてみよう。左目は、ダヴィッドソンをそのまま見続けている。右目は、イヴィッチと夫を追って右方向に移動し、また元に戻ってくる。ショットの最初と最後では、両目の画面は重なっている。逆に言えば、ひとつの画面が突然、左右二つに分裂した後、再び一致する。そしてこのプロセスは、他ならぬ「3D」というシステムによって実現されている。

何よりも特筆すべきは、この二重（でひとつの）ショットが、3D技術を使わなければ絶対に実現出来ないものであるにもかかわらず、結果として「立体映像」には全くなっていない、ということである。それはむしろオーバーラップに、やはり似ている。実際、『さらば、愛の言葉よ』のブルーレイ版には2Dヴァージョンも収録されているのだが、このショットは左右の映像が重ねられたごく普通の二重画面になっている。しかし片目を順番に閉じてみても、当然のことながら、そこには同じオーバーラップの映像しか映っていない。本質的に2Dでは体験不可能なことが成されているのだ。だが、ならばこれは果たして何なのか。一体、何が起こったというのか。

このシーンの最後、これきり二度とこの映画には出てこないダヴィッドソン教授は、イヴィッチの視線を画面外へと促す。そこでは男女の子供二人が、三つのサイコロを振って遊んでいる。サイコロはフランス語で「デ（dé）」、頭文字はD。そう、三つのDである。

イヴィッチが鉄柵に手を掛けて佇んでいる。そこに男の腕が現れ、あの台詞を口にする。「君に従う（Je suis à vos ordres）」。「2：隠喩」は、ひとまずここで終わる。まだ姿さえ映ってはいないが、男はマルキュス（リシャール・シュヴァリエ）。では教えておこう。『さらば、愛の言葉よ』の、少なくとも残り二分の一は、イヴィッチとマルキュスの恋の「物語」である。こうして『さらば、愛の言葉よ』の二つのパート、すなわち「自然」と「隠喩」の前半が、ひと通り終了した。驚くべきことに、まだ始まってから十六分しか経っていない。この映画の上映時間は六十九分。今日の映画としては破格に短い。だがその情報量たるや、かくの如し、である。

私たちは、先ほど記したのと同じ異常な現象に、この『さらば、愛の言葉よ』の中で、もう一度遭遇することになるだろう。何故ならば、この作品においては、出来事は二度起こることになっているのだから。だが、それを、このことを語るためには、数が一つ余計である。

私たちは、ここでそろそろ「2」へと赴かなくてはならない。

2

2 - 0

よく知られているように、ジョナサン・クレーリーは、視覚メディア論の基礎文献に挙げられることも多い著書『観察者の系譜』で、「一八五〇年以前の出来事とその展開」における「視覚《ヴィジョン》とその歴史的な構成過程」を精緻に論じている。同書の原題は“*Techniques of the Observer: On Vision and Modernity in the 19th Century*”だが、厳密にいえば十九世紀半ば過ぎぐらいまでを扱いつつも、クレーリーの問題意識は、実際には『観察者の系譜』が刊行された「一九九〇年」という時期、いや、それ以前の彼が同書を書き進めていたであろう「一九八〇年代（後半）」という時代と密接に繋がっている。

冒頭まもなく、クレーリーはこう書いている。

> わずかここ十年ばかりのあいだに生じた大規模なコンピュータ・グラフィック技術の急速な発展は、観察する主体と表象《リプレゼンテーション》の様態との関係に生じた広範な変容過程の一部を形成しているのであって、この変容は「観察者」や「表象」といった術語がもっていた、文化的に確立した意味の大部分を、事実上無効にしてしまっている。CG《コンピュータ・ジェネレイテッド》合成さ

れた大量のイメージの形式化と散布は、仮想的に構成された視覚「空間」が遍在的に根付くという事態の到来を予告するものなのであり、かかる人工的空間は、映画、写真、テレビなどが有するミメーシス能力とは根本的に異なるものだ。（『観察者の系譜』遠藤知巳訳）

クレーリーは「映画、写真、テレビの三者」を「現実の空間に位置づけられたある視点に未だに対応した、アナログ的メディア形式」とした上で、「コンピュータ操作によるデザイン構成、合成ホログラフィー、飛行《フライト》シミュレーション、ロボット工学によるイメージ認知、（中略）ヴァーチャル環境を体験するためのヘルメット、磁気共振によるイメージ形成、そして多スペクトル感応性センサー」などを「生身の観察者から切り離された平面上に視覚を再定位しようとする技術」として対置する。つまり『観察者の系譜』は、古いメディア形式と新しいメディア形式が、並走、混在、交錯する過渡的な状況下で書かれたものと言っていい。その上で、以下のような問いが続けざまに立てられる。

もし実際に、視覚性の性質に様々な変異が進行中であるならば、いったいどのような形式や様態《モード》が過去の遺物として取り残されようとしているのだろうか？　そもそもそれはどのような切断なのか？　同時にまた、現代的なイメージ群を、視覚イメージのかつての組織の仕方に結びつけている連続性の要素とはどういったものか？　コンピュータ・グラフィクスや、ヴィデオのディスプレイ端末の中身は、――かりにそうであるとして――どの程度まで、ギー・ドゥボールが「スペクタクルの社会」と名付けたものの、さらなる精緻化であり、洗練であるのか？　（同前）

このように設問は多岐にわたっており、その最終的／根本的な企図は、クレーリー自身も明示しているように、ミシェル・フーコー流の権力分析にあるのだが（「観察者の身体をも含めて、身体は、新時代の機械群、経済、そして――社会的、リビドー的あるいはテクノロジー的な――装置《アパラトゥス》の一要素に、どのように組み込まれようとしているのか？　主体性《サブジェクティヴィティー》＝主観性は、いかなる点において、合理化された交換システムと情報のネットワークとの接合《インターフェイス》の――危うげな――条件となりつつあるのか？」）、しかし『観察者の系譜』が殊更ユニークだったのは、これらの問題を真っ向から論じるのではなく、その「歴史的背景の一部を再考し、再構成」しようとした点にあった。「現代社会における変容より一つ前の、一九世紀の前半期に生じた視覚の再編成を研究対象に据え、新しい種類の観察者を産出し、先に触れた、進行中の視覚の抽象化にとってきわめて重要な先行条件であった、さまざまな出来事や力――とくに一八二〇年代と三〇年代における――のいくつかを素描することにより、本書はその試みを果たそうとする」。

そしてクレーリーは、あえて一世紀半もの時間を遡って、彼が当時まさに直面していた大がかりな変容の土台を成す諸条件、すなわちその一段階前に起こった「視覚」の再編成に、あらためて光を当てようとする。「この再編成は、現在の変容ほどには即時に劇的な文化的影響を与えたものではなかったけれども、にもかかわらず深いところにまで及んだ。視覚の諸問題は、現在と同様に当時にあっても、本質的に身体と社会的権力の作用とをめぐる問いだった」。

加えて、更に過去へと遡行する、次のような課題も掲げられる。

> 近代的で多様な視覚の領域の「創発地点」のいくつかを概観することにより、私は同時に、いつ、どのような出来事のせいで、視覚や観察者に関するルネサンス的あるいは古典主義的なモデルからの断絶が生じたかという、それと関連した問題をも提出している。
> （同前／傍点原文）

『観察者の系譜』の斬新さは、まず第一に、以上のような観点に立つことによって、従来の「表象」の歴史において疑いなく結節点とされてきた「写真」という技術の地位を大胆に相対化してみせたことにある。「私が言いたいのはつまり、視覚の構造のより広範囲にわたる、はるかに重要な変容が、一九世紀初頭に生じたということだ。一八七〇年代から八〇年代にかけてのモダニズム的絵画や、一八三九年以降の写真の発達は、一八二〇年代にはすでにかなり進行していたこの視覚システム全体の決定的な移行の、後代における徴候、あるいは帰結と考えることができる」。繰り返し確認しておくが、この本においてクレーリーは、執筆時の現在である「一九九〇年」を、彼がこれから詳らかにしてゆこうとする十九世紀に生じた「断絶」以来の「視覚システム全体の決定的な移行」の時期、その渦中として捉えており、その論述の背後には常に、アクチュアルな視線が窺えることを忘れてはならない。

こうしてクレーリーは、彼が「観察者」と呼ぶ存在の一種の進化論（？）に着手するのだが、付言しておかなくてはならないことは、しかし彼は「視覚」それ自体の変化の内実は、慎重にカッコに括っているということである。

私が視覚の歴史という考えを述べてきたとしても、それはあくまで一つの仮説的な可能性としてのことにすぎない。知覚や視覚が実際に変化するのかという問いにはあまり意味がない、なぜならそれらは自律した歴史をもってはいないからだ。変化するのは、知覚がそのなかで生起するような領域を構成している、複数的な力や規則の方なのである。そしていかなる時代においても、視覚を決定しているのは、何らかの深層構造や経済的基礎、あるいは世界観などではなくて、ある単一の社会の表層上に犇《ひしめ》く様々な要素の集団的《コレクティヴ》な配置《アセンブレージ》＝配列の作用なのである。それどころか、観察者という存在自体を、多くの異なった場所に配置された多様な出来事の分布図のようなものとして考えてみる必要さえあるかもしれない。
（同前）

視覚がどのように変化してきた／いるのか、いや、そもそも変化している／きたのか、という具体的な問題は、どうしても恣意的で主観的にならざるを得ない。私たちは他者の視覚を体験出来ない。従って視覚の変容は、たとえ言葉を尽くして描出されたとしても、結局のところ曖昧な形容や共有不能な証言の域を出ることはない。そこでクレーリーが採った戦略は「ある種の視覚器具の意義を調べる」ということだった。

具体的にいうと「一七、一八世紀の観察者の支配的な地位のパラダイムを示す例としてカメラ・オブスキュラを立て、一方一九世紀に関してはいくつかの視覚器具、とりわけステレオスコープを、観察者の変容した地位を詳述する手段として議論の対象とする」。カメラ・オブスキュラは『観察者の系譜』の第二章で取り上げられ、原著タイトルと同じく「観察者の技法」と題された第四章では、ゲーテの『色彩論』からヤン・プルキニェによる残像研究を経て、ソーマトロープ、フェナキスティスコープ、ジオラマ、カレイドスコープ等といった視覚器具の発展史が素描された後、ステレオスコープの発明と、その展開が論じられることになる。

以上のような問題設定に基づく『観察者の系譜』の議論を事細かに追っていくことは、もちろん本論の目的ではない。同書のコンセプトを大摑みで述べてみたのは、クレーリーが「写真を除けば、一九世紀における視覚映像《イメージ》のもっとも重要な形式」だとする「ステレオスコープ」が、他でもないジャン゠リュック・ゴダールの『さらば、愛の言葉よ』と、非常に深く関係していると思われるからである。ゴダールが撮ったのは「3D映画」というよりもむしろ「ステレオ映画」なのではないか。だが、ならば「3D」と「ステレオ」は、どのように異なっているのだろうか？

『観察者の系譜』においてステレオスコープは明らかに特権的な位置に置かれているが、その理由は第一に「ステレオスコープ体験がどれほど広く社会に浸透したかということ、そしてまた、写真によって生み出された映像を経験する主要な様態を、何十年ものあいだステレオスコープが定めていたことは、現代では安易に忘れ去られている」からである。この不当な歴史的健忘症に、クレーリーは敢然と異を唱える。

ここで重要なのは、一九世紀の「リアリズム」や、あるいは大衆的視覚文化のかかる中心的構成要素（引用者註：フェナキスティスコープやステレオスコープ）が、写真の発明に先行しており、写真的な手法や、あるいは「複製イメージの」大量生産の技術すら、いかなる意味においても必要とはしていなかった、ということであろう。（同前／傍点原文）

クレーリーによれば、「北アメリカとヨーロッパの全土にステレオスコープが広く商品として流通したのは、一八五〇年代以降のこと」だが、「この器具の発明にもっとも密接に関わった二人の人物、チャールズ・ホィートストーンとデイヴィド・ブルースター卿は、その発明以前に、錯視、色彩理論、残像その他の視覚現象に関して、幅広く著作を著していた」。いうなればステレオスコープは、十九世紀前半の生理学や解剖学、心理学などの、一連の、もしくは同時多発的な研究／発見のひとつの成果として登場したのだった。

両眼の不同性《ディスパリティー》、すなわち各々の眼が少しづつ異なる映像《イメージ》を見ているという自明の事実は、はるか古代からよく知られた現象だった。しかし、一八三〇年代に入って初めて、ものを見る身体を両眼的《ビノキュラー》存在として定義すること、左右の眼の視軸の角度の微少な差異を測定し、不同性の生理学的基礎を特定することが、科学者にとって決定的な重要性をもつものとなったのである。研究者たちの頭を占めていたのは以下の問題だった。観察者が各々の眼で異なった映像《イメージ》を知覚しているとするならば、二つの映像はいかにして一つの映像、あるいは統一像として経験されているのだろうか？

（同前／傍点原文）

いかにしてかはともかく、私たちが普段両眼を使って、ものを立体的に——リアルに——見ているメカニズムを援用すれば、平面的な画像／図像を、より立体的＝現実的な映像に変換することが出来る。こうしてステレオスコープは生まれた。「一八三三年にホィートストーンが出した一連の結論は、両眼視差《パララックス》——左右の眼が同一点に焦点を合わせたとき、視軸のずれが作る角度——の測定に成功したことから得られたものだ。人間の有機組織は、大部分の状況下で、網膜の不同性を単一の統一的映像《イメージ》へと綜合する能力を有している、と彼は主張した」。ステレオスコープは、仕様や形状に多少のヴァリエーションがあるが、パララックスを踏まえて、双眼鏡の左右のレンズに視軸のズレと同じだけズラした二つの像を表示することによって、使用者の視覚（脳内）に立体的な「単一の統一的映像《イメージ》」を仮構させるというものである。「ステレオスコープの「リアリズム〔効果〕」は、知覚経験が本質的に差異の認識であることを前提としている。観察者と対象とのあいだにあるのは同一性の関係ではなくて、ばらばらの——〔左右それぞれの眼において〕異なるものとして生み出される——映像《イメージ》の経験だったのである」。

すでにお分かりのように、ステレオスコープは、今日の３Ｄ技術の遠い先祖、立体視の始祖である。クレーリーは「ステレオスコープにおいて欲望されている効果は、ただ単に類似性《ライクネス》ではなく、直接的な見かけの触覚性だった」（傍点原文）と述べている。そこで追求されていたのは、現実の似姿であるよりも、現実っぽさ、現実感、効果としてのリアリズムであった（私たちは以前それを「実感＝錯覚としてのリアリティ」と呼んでおいた）。重要なことは、それが「写真」に先行していただけではなく、もともと違った意味と機能を持っていたということである。「一九世紀の他のいかなる表象形式も、現実性《リアル》と視覚性《オプティカル》とをこれほど混じり合わせはしなかった」。ステレオスコープは、通常二つの瞳を有している人間が、如何にして「現実―世界」を知覚＝認識しているのかという原理と、その発想の根底で結びついている。すなわちそれは「両眼視（立体視）」の道具＝機械による再現／再演、一種のシミュレーションなのであり、人間の目とはまったく異なる視覚的な記録装置である「写真」とは、本質的に別次元に属する発明だったのだ。

ここで先ほど棚上げにしておいた「観察者」という用語法について触れておく。クレーリーは、より一般的な呼称と言える「観客（spectator）」ではなく「観察者（observer）」を用いる理由を、次のように説明している。

私が「観察者」という語を選択したのは、主にこの語の語源的なひびきのためである。spectator のラテン語の語根である spectare とは異なり、observe の語根は字義的には「見る（to look at）」ことを意味してはいない。「観客」はまた、ことに一九世紀の文脈では、私が避けることにしたある特定のコノテーションを含んでいる。それはすなわち、画廊や劇場のようなスペクタクル（spectacle）の現場での受動的な傍観者という含意である。ある意味では私の研究にとってよりふさわしいことに、［ラテン語の］observare は、——規則、コード、規制、慣例といったものを遵守する（observe）ときのように——「人の行動を何かに従わせること、応ずること」を意味している。観察者とは、たしかに明らかに見る者なのではあるが、さらに重要なことには、彼は予め定められた可能性の集合の枠内で見る者であり、さまざまな約束事《コンヴェンション》や限界のシステムに埋め込まれた存在なのである。

（同前）

すこぶるフーコー的な立場表明というべきだろう。クレーリーは更に「観察者が存在すると言うことができるとすれば、それは言説、社会、技術、制度といったものの相関関係が織りなす、還元不能なほど異種混淆的なシステムの効果としてでしかありえないだろう。絶え間なく変化していくこの領域に先だって存在する観察主体などありはしないのである」（傍点原文）とも述べている。だが、クレーリーの論議から四半世紀が過ぎた現在の映画観客の多くは、いうなれば「観察者」であり続けながら「観客」としての様態をも強化されている。「予め定められた可能性の集合」や「さまざまな約束事《コンヴェンション》や限界のシステム」を単一の「スペクタクル」へと収斂させようとする力は、ますます増している。ゴダールが抗おうとしているのは、この二重の「観察者＝観客」性であると言ってもいい。

ところで、『観察者の系譜』の日本語訳が出たのは一九九七年のことだが、実はそれに先立つ九〇年代前半に「ステレオ画像」が日本の一部で話題になっていた（遠藤知巳による「訳者あとがき」には「二、三年前になぜか大流行した立体視」という一節がある）。赤瀬川原平の『ステレオ日記　二つ目の哲学』が一九九三年、吉村信と細馬宏通の共著『ステレオ――感覚のメディア史』が一九九四年に出版されている。ステレオスコープではなく、赤瀬川が「ステレオ裸眼視」と呼び、吉村＆細馬が「フリーヴューイング」と呼んでいる、自分で両眼の焦点をぼかすことによって人為的に生じさせるスコープ無しでの立体視が顕揚されているが（ホィートストーンはこちらの可能性も論じていた）、二冊はいずれも広義の「ステレオ視」の魅力を説いた書物である。

『ステレオ――感覚のメディア史』には、ホィートストーンとブルースターの研究も詳しく紹介されている。

おもしろいことに、一八三〇年代、ステレオグラムの研究と写真術の発明は、当初独立に進んでいた。二つのできごとがつながったのは一八三九年。この年、フランスでダゲールが、イギリスでタルボットが相次いで独自の写真術を発表したのだ。ホィートストーンはさっそくタルボットに写真術を用いたステレオグラムの作成を依頼、かくしてステレオ写真は写真術の登場後まもなく発明されることになった。

（『ステレオ——感覚のメディア史』細馬宏通）

写真術の登場以前は、ホィートストーンは手描きの図像でステレオグラムを拵えていた。吉村&細馬は、ステレオスコープ（彼らは「ステレオヴューワー」と呼んでいる）のその後の歩みや、ステレオ写真を撮れるステレオカメラも紹介している。そしてその記述は「ステレオ動画」に連なってゆく。興味深いことに「写真」との関係と同じく、ステレオ動画も「映画」の誕生に先行していた。「記録によれば最初のステレオ動画のシステムはヘルムホルツとツェルマークによって一八五五年に生まれている」（吉村信）。こうして「映画」の歴史と合流したステレオ動画は、ほどなく「3D映画」へと繋がっていくことになる。「20世紀に入りステレオ動画はＭＧＭによる赤青アナグリフシステム３Ｄ映画の商業的成功を経ていよいよ50年代に偏光方式によるシステムの隆盛を迎えることになる」(同前)。

ところでしかし、ステレオ視が「写真」から「映画」へと受け渡された時に、実は不可逆的と呼ぶべき重大な変化が生じていたのだった。だが、そのことについては、もう少し後で述べることにする。

2－1

『ステレオ——感覚のメディア史』の細馬宏通の記述によれば、ステレオ視の実験を続けていたホィートストーンは、ある時、ステレオヴューワーに「ふと、まるで違う二つの絵を差し込んでみようと考えた」という。

アルファベットの「Ｓ」と「Ａ」の字を差し込むと、おもしろいことに「ついいましがた見えていた文字がばらばらになり、もう片方の文字がそこにまじったように見えたかと思うや、すぐに取って代わってしまう。どちらの文字が現れるかは意志の力では決まらないが、その交代の時間間隔はなにかある原因で決まっていて、それはコントロールできそうだ」。

（『ステレオ――感覚のメディア史』細馬宏通）

細馬はまた、人間や動物の「表情」の研究家としても知られていたチャールズ・ダーウィンに、「同じ方向を向いた二人の人物の顔を、ほぼ同じ大きさになるようにそれぞれ名刺大の写真に写し、それらを立体鏡にかけますと、おどろくべきことに二つの顔は一つにとけあいます」と指摘した手紙が届いたというエピソードを紹介している。ステレオ視において「左右の像が異なる場合、あるときは二つの像がちらちらと交代し、あるときは強引に二つが融合され、あるときは片方が無視される」（細馬）。

このような現象は「視野闘争」と呼ばれている。これこそ『さらば、愛の言葉よ』の、あの異常な場面で生じていた事態に他ならない。ゴダールは「３Ｄ」に「視野闘争」を持ち込んでみせたのだ。いや、取り戻してみせた、と言うべきかもしれない。

私たち人間は、基本的に、左右の目に振り分けられた二つのイメージを、二つのままで知覚＝認知することは出来ない。右目と左目では違う映像が見えているのに、両眼の奥にある脳は、左右を無理矢理に一個の像に重ね合わせようとするし、意識せずとも（むしろ意識しないことによって）その作業にごく自然に成功する。人間の視覚において、２はほぼ必ず１に変換されてしまうのだ。１＋１＝２だが、１×１＝１である。私たちは左右の視覚をその

上・下／『さらば、愛の言葉よ』

まま加算出来ない。乗算することしか出来ない。そしてこの端的な事実は、既に見たように、映画の誕生よりも、写真の誕生よりも、もっと昔から知られていた。どうして私たちの瞳（と脳）は、2を2として体験出来ないのか。なぜ2は1になってしまうのか。この問いは、そもそもどうして人間の瞳は左右二つあるのか、という、もうひとつの素朴で単純極まりない問いを喚起することになる。

『ステレオ日記　二つ目の哲学』の赤瀬川原平も、この素朴で単純な問いを書き付けている。

とにかく問題は、人間に目が二つあることだ。一つでも物は見える。それなのに何故二つあるのか。

でも二つあるのは目だけではない。耳も二つある。鼻の孔も二つある。鼻の孔はしかし二つが隣接していてほとんど一つに近いが、乳首も二つある。手も二本、足も二本ある。睾丸も二つあり、肺も二つあるという。

（『ステレオ日記　二つ目の哲学』）

いつもの調子で、赤瀬川は素朴なようでいて、実は極めてラディカルな思考を、淡々とぼそぼそと開陳してゆく。この「二」の羅列はユーモラスだが、赤瀬川はあくまでも本気である。まずはスペア説（二つあるのは、一つは予備のため）を検討してみるが、少なくとも目にかんしては別の理由があると述べて、この本の眼目であるステレオ写真、ステレオ視の話題に入っていく。内容としてはこれまで述べてきたこととほとんど同じだが、引用してみる。

その理由は耳とも似ていて、立体感を得るためだ。距離感といってもいい。右目と左目は離れている。だから物を見る位置が少しずつ違う。遠くの物を見るにはまずほとんど変わらないが、近くの物を見るとき右目と左目を交互につぶると、少しずつずれる。そこで左右の目の位置の違うことがわかる。そういう左右の目で同時に見ているので立体感がわかり、距離を感じる。三角測量の原理である。でも日常そうやって二つの目で見て生活しているので、とりたてて立体感の原因について考えることはない。（同前）

それから赤瀬川は、人間の視覚=両眼視においては「視線の向きとピント合わせがいつも連動している」と指摘する。「つまり、目の前の石ころを見るときは、左右の目からの視線がその石ころの一点に結ばれ、両眼のピントも自動的にそこに合わせる。（中略）だから遠くの電柱を見るときには、左右の目から伸びる視線の三角形は物凄く細長くなり、ピントも自動的にその遠い位置に行く。夜空の北斗七星を見るときにはもっと猛烈に細長くなり、もはや三角形とはいえないほどだ。左右二本の視線はほとんど平行となって、両眼のピントも無限遠となる」。「平行法」と呼ばれるステレオ裸眼視の方法は、これを夜空の北斗七星でなく左右に並べられた二枚の写真で行うものである。「右目は右の写真に、左目は左の写真に向かうわけだ。そして目のピントの方は目の前の写真に合わせる。ここがちょっと難しい」。そして赤瀬川は如何にも彼らしい純粋な驚きを込めて「これは考えたら人類がはじめておこなう目付きなのだ」と書いている（ちなみに、もうひとつの「交差法」は文字通り、右目で左の写真を、左目で右の写真を交差させて見る方法である）。

人間に目が二つ付いたのは太古の時代からで、いやもっと前の猿の時代から、さらに何億年前の魚の時代からそうなのだろうが、二つの目はいつも視線の向きとピントが連動していた。それが近代のステレオ裸眼視のおこないで、はじめて視線の向きとピント合わせを分離して使い分けることを知ったのである。

ステレオ写真が出来るまでは、それに気付くことはできなかっただろうと思う。人間が左右二つの目で立体視している原理は、かなり前からわかっていたらしい。でも写真が出来るまではそれが実証できなかった。人類の絵の写実描写の技術は相当なものがあったが、右目で見た風景と左目で見た風景の、その微細なズレまで描き分けるということはなかった。美術史のどこを探してもそういう横に七センチだけ視点のズレた二枚の風景画、というのは残されていない。やはりリアリズムといっても、人間の目は機械ではない。
でもカメラは機械だ。人間の目の幅と同じ左右七センチだけズレた風景も、正確に写し撮れる。（同前）

赤瀬川は、普通のカメラが「映像のリアリズム」を志向するものであるのに対して、同時期に発明されたステレオカメラは「目の不思議を確かめたかったという欲求」に支えられていると述べている。この「不思議」とはもちろん、両眼視差＝パララックスがあるのにもかかわらず、どういうわけか私たちが七センチ（六センチとされることもある）だけズレた二重の映像を見ることがないということ、1＋1＝2でなく、1×1＝1になってしまうこと、2が2として体験不可能であること、すなわち人間が無意識の内に常に作動させている錯視のことを指している。

先にも述べておいたように、ステレオ視とは、この「不思議」のシミュレーションである。或る対象（あるいは世界そのもの）を両眼で見ながら、左右に分散されたイメージを脳内で自動的に統合する（ことによって立体感＝現実感を得る）のではなく、人為的にステレオ＝左右に分散―配置されている二つの対象（平面）を能動的、意識的に一つの像として重ね見ようとすること。赤瀬川著の題名は「二つ目の哲学」だが、二つ目に映った二つの映像を

「単一の統一的映像」に変換する脳内システム、その「不思議」を再発見、再利用するのがステレオ視ということなのである（赤瀬川はそれを「脳内リゾート開発」と呼んでいる）。

視野闘争は両眼視野闘争とも呼ばれる。私たちの普段の視覚においても、ステレオ視においても、それは常に多少とも起こっている。それは2を1に重ね合わせようとする意識的／無意識的な回路には不可避の、立体視の生成には必然的に伴うプロセスである。だが、パララックスの限界を大きく越えていたり、もはやパララックスとは無関係な、完全に別個の左右／二つのイメージによる視野闘争は、2の1への統合も果たさないし、立体視すなわち3の錯視も起こすことはない。それは2のままなのだ。もしくは2と1のあいだで激しく振動すると言えばいいか。その結果、それを見ている者の視覚の中では、オーバーラップとカットバックとフェードインとフェードアウトといった現象が、いわばランダム・ミックスで惹き起こされる。

ホィートストーンの「S」と「A」の文字の闘争、ダーウィンへの手紙の二つの顔の闘争は、ステレオ写真すなわち左右二枚の静止した平面上で起こっていた。初期のステレオ動画、ステレオムービーと呼ばれるものは、基本的にはステレオ写真の応用、発展であり、左右の目（スコープ／ヴューワー）に振り分けられた二つの静止映像（写真）を同時並行で連続的に映示することで成立するものだった。現在の3D映画用の眼鏡は、ステレオスコープの末裔と言えるが、ステレオ写真と３Ｄ映画のあいだには無視出来ない違いがある。それはもちろん、ステレオ写真は二枚の写真でワンセットだが、３Ｄ映画は二種の映像が一枚のスクリーンに映写されているということである。ステレオスコープとは要するに、平行法や交差法を駆使すれば裸眼でも可能な「２→１」を自動的に行う機械だった。二枚の写真、二つのスコープ、二枚の特殊レンズは、それぞれ人間の左右二つの瞳に対応している。だが、映画のスクリーンは一つである。当たり前のようだが、考えてみればこれはとても「不思議」なことではないだろうか？　私たちはここで問わねばならない。人間の瞳は二つあるのに、どうして「映画」のスクリーンは一つしかないのか、と。

　この問いがナンセンスなものであることは重々承知している。ジョナサン・クレーリーが明らかにしていたように、もともと「映画」と「ステレオスコープ」は別々の歴史を持っていたのだから、両者が「３Ｄ映画」というかたちで融合された際に「映画」の「１」に「ステレオ」の「２」を重ね合わせることになったのは、ごく自然な流れだと言える。また、周知のように映画史上には、二つ以上のスクリーンで上映される作品も、幾つか存在している。古くはアベル・ガンス監督の『ナポレオン』（１９２７年）は、二つどころか三つのスクリーンに三種類の映像が同時映写される「トリプル・エクラン」方式だったし、アンディ・ウォーホル監督『チェルシー・ガールズ』（１９６６年）もダブルスクリーニングを前提に製作されたものである。原將人監督も『初国知所之天皇』（1973年）他の作品で二面もしくは三面のマルチスクリーンを採用している。

だが、ガンスもウォーホルも原もステレオ視を狙ったわけではない。『ナポレオン』は上映時間十二時間にも及ぶ超大作であり、トリプル・エクランというアイデアもガンスのメガロマニアックな欲望によるものと言っていい。ウォーホルや原の場合は「なぜ映画のスクリーンは一つなのか」という原理的疑問以上に、そういうことになっている常識への挑戦と攪乱、また映画の話法／叙述的な実験という意味合いが強かったものと考えられる。

それに言うまでもなく、そもそも映画館でのステレオ裸眼視は（絶対とは言えないが、まず）不可能である。それはもちろん映像が動いているからだ。ステレオスコープは、右目には右の、左目には左のイメージを同定—固定する。それにはまず両眼を切り離すことが前提されている。そのプロセスをスコープ抜きに行うステレオ裸眼視は、平行法であれ交差法であれ、右目で一方の写真のみを、左目でもう一方の写真のみを見ながら、その中間地点に焦点を結ばせることによって、左右の像が重なったイメージを脳内生成させる。左右の映像が絶えず動いている場合、機械的な固定抜きで視線の同定を一定時間以上続けることは非常に困難である。それゆえステレオ写真と同じ意味でのステレオ映画は基本的には存在し得ない。動画で同様の効果を得るためには、スクリーンという媒体を必要としない、独立した視覚器具である初期のステレオムービーのようなやり方か、そうでなければ現在にまで至る「3D映画」の方式、スクリーンに二重に投影された左右の映像を特殊な眼鏡によって左右の視覚に分岐―同期させ、その上で錯視を生じさせて立体像を引き起こすしかなかったのである。写真とは違い、映画のステレオ視＝3Dには「視覚器具」の関与が必須であり、逆に言えば、眼鏡さえあればスクリーンの存在はもはや不可欠ではない（私たちは既に、その先に見えている未来について触れておいた）。

ジャン＝リュック・ゴダールが『さらば、愛の言葉よ』の問題のシーンでやってのけたのは、「3D映画」を倒錯した「ステレオ映画」として扱うこと、つまり立体視を生じさせることのない、というよりも立体性＝3Dとは完全に無関係な、度を超した、箍の外れた視野闘争、右目と左目に残忍なまでに引き裂かれた「1＋1＝2」の映画的実践／実験である。そしてそれは「映画」のスクリーンは、なぜ一つであり、二つではないのか、というラディカルな問いを内包させている。しかも、そこでの視野闘争の有様は、ステレオスコープの発明とその歴史性が孕む問題系、ジョナサン・クレーリーをして「一九世紀の他のいかなる表象形式も、現実性《リアル》と視覚性《オプティカル》とをこれほど混じり合わせはしなかった」とまで言わしめながら、呆気なくほぼ忘却されてしまった特異な視覚メディアの本質を「映画」の内部に（再）導入すること、つまりある意味で「映画」を「映画以前」の時間に遡行的に接続するという野心が込められている。周知のように、ゴダールには『映画史』と題された巨大な作品が存在しているが、あの場面には「映画史」の総体をゴダールにしか出来ないやり方で乗り越える、もっと強い言葉で言うならば「映画史」を丸ごと破壊しかねないモメントが潜んでいる。『さらば、愛の言葉よ』を「3D映画」の歴史に位置付けるのは無意味なことだ。『アバター』や『ゼロ・グラビティ』に宿っていた歴史的尖端への意志は、あの映画のどこにも存在していない。なぜなら少なくとも『さらば、愛の言葉よ』の二つのショットは「歴史」の外で撮られているからである。

いま一度、あの場面を思い出してみよう。イヴィッチとダヴィッドソンが話していると、イヴィッチの夫がやってきて彼女を連れ去る。ショット開始時、映像は一つである。夫が画面の右方向に彼女を引っ張ってゆくとともに映像は左右に分裂する。左目は固定画面のまま、右目は二人を追ってパンニングしてゆく。つまりここで惹起している事態は、視軸のズレに基づいて立体視を構成するパララックス画面ではないのは勿論だが、かといって完全に別々の二画面というわけでもない。もしもまったく違う映像を左右に嵌め込まれたなら、私たちの視覚は一切機能しなくなることだろう（おそらくその時、まともに両眼を開けていることも叶わないのではないか?）。だが、最初は一つだった画面が左右方向に分岐してゆくことによって、観客はかろうじて何が起きたのかを把握することが出来る。私自身がそうだったように、それが始まった瞬間は混乱し当惑したとしても、片目ずつを閉じて見ることで、それぞれに異なる映像が見えていることがわかり、ふたたび両目を開いてみて、まず間違いなく生まれて初めて体験する過激極まる視野闘争を目の当たりにすることになる。

ここで特筆すべき点が二つある。まず第一は、私たちのパララックスは人間の身体のスペックに紐付けられた絶対的な与件であるのだから、ショットの最初は画面が分離していない＝一つの映像であると思うこと自体が、ある意味では誤りなのであり、他のあらゆるショットと同様に、ズラそうがズラすまいが、常に既に左右の瞳はズレた二つの映像を見ているのだということである。それが一つに見えていること自体が、錯視を踏まえたステレオ撮影の結果なのだ。この端的な事実を、ゴダールはあのショットの開始時に逆説的に提示していると言える。

もう一点は、右の映像のパンニングが、パララックスの幅を水平に突破してゆくということである。前にも触れておいたように、『さらば、愛の言葉よ』の撮影監督であるファブリス・アラーニョは、自作のフレームにキヤノンのデジタル一眼レフカメラ EOS 5D MARK IIを二台、左右に並列したオリジナルの３Ｄ撮影システムを主に使用している。実際の撮影では、二台の MARK II のフレームが同一画面に見えるように調整された状態でスタートし、次いで左カメラはそのまま、右カメラを右にパンしていく。ということはつまり、このパンニングの過程の、おそらく開始すぐのほんの一瞬だけ、左右の映像がパララックスと一致して、ごく普通の3Dに見える筈である。だがそれはすぐさま右方向に広がって、立体視どころではなくなってしまう。

これらのことからわかるのは、ゴダールとアラーニョの目論みが、単に3Dの常識外れの使用ということなどではないということである。あのショットは、いうなれば「3D映画」を3Dたらしめているメカニズムと、その前提に横たわるステレオ視の原理、つまりはヒトの視覚システムの或る特殊性を、ひとつながりの時間的持続の内に「上演」してみせている。そこでは「見ること」の次元で「世界」を把握しようとする人間の試みと営みの、可能性と限界が同時に露わにされているのだ。

ジョナサン・クレーリーは、こう書いている。「ホィートストーンもブルースターも、ステレオスコープによって眺められる図像の融合が、時間のなかで生起する出来事であり、また二つの図像が一つに合わさって見える現象がじつは必ずしも安定したものではないということを示唆している」。クレーリーは、ブルースターの言葉を引いて、ステレオ視が誕生時から、あくまでも時間的な連続性の中で意図的に試みられる不安定な行為として認識されていたことを示す。「このようにしてブルースターは、ステレオスコープの映像などは実際は存在しないということ、それはむしろ、二つの異なる映像のあいだの微少な差異を観察者が経験することの効果としていわば呼び出されるものであることを、念入りに確認しているのである」（傍点原文）。

詰まるところ、ステレオ視とは一種のイリュージョンである。それは脳内現象に過ぎず、「実際は存在しない」。1×1＝1であるのみならず、そこにあるのはいわば1＋1＝3なのだ。だが、ゴダールはイリュージョンを徹底的に拒絶する。JLGがその登場以来、一貫して嫌悪してきたのは、実際には存在しないものをあたかも存在しているかのように見せかけようとする「映画」のイリュージョン性である。彼は根っからの現実主義者《リアリスト》だ。かなり先走って述べてしまえば、ゴダールにとっては「神（Dieu）」でさえ、完膚なきまでにリアルなものとしてある。この意味で、ゴダールと「3D」はけっして相容れない。にもかかわらず彼が3Dで撮ったのは、実際は存在しないものは実際は存在しないという真理をトートロジーとしてではなく示すため、そしてそれをそのまま反転させた「あるものはある」というもうひとつの真理を、まさに目で見える仕方で証明してみせるため、である。

ところで、赤瀬川原平は、こんなことも書いていた。

目は犬のようなものだとつくづく思う。犬は主人に忠実である。いつも主人の動静を気にして、主人の言いつけをピタリと守る。それが犬の習性だから、犬に勝手に動けといってもそうはいかない。犬を勝手に動かすには、主人が知らんぷりしたり、別のことに熱中しているふりをしたり、陰で誘導しないといけない。力ずくで犬の勝手を引き出すことはできない。

目もまったくその性質を持っている。主人の言いつけばかり守る。この場合主人というのは、自分の頭の中の気持ちや意志のことだ。その自分が見ようとする方向に目はピッと向く。そんなことはこれまで何十年も生きてきて当り前のことだけど、ステレオ写真を前にすると、じつは自分の中に犬がいたのかとわかるのである。自分の中の犬と主人の関係が、はじめて白昼堂々と暴露される。

（『ステレオ日記　二つ目の哲学』）

この本が書かれたのは二十年以上も昔のことであり、著者である赤瀬川も既にこの世にはいない。だが、それでも私たちは、どうしても、ここであのロクシー・ミエヴィルのことを思わずにはいられない。けれどもロクシーは、ここで描かれている「犬」とは随分と様子が違っている。『さらば、愛の言葉よ』において、ロクシーという犬は「3」でも「2」でもなく、「1」という数字を担っていると思われるのだ。私たちは、もっと後に、ほとんど最後に、このことを論じるだろう。だが、今はまだ「2」の話さえ終わっていない。

誰もが気付いていることだろうが、ジャン＝リュック・ゴダールにとって「2」とは特権的な数字である。ステレオ視とはまったく別に、彼の映画にはさまざまな次元で「2」が頻出してきた。むろん『さらば、愛の言葉よ』も例外ではない。では、この映画における「2」の諸相とは如何なるものなのか。そして、それら「2」の群れは、ここまで辿ってきた「3」から「2」への理路と、どのようにかかわってくるのだろうか？

2-2-0

二度目の赤い「1」が3Dで浮かび上がり、二度目の「自然（LA NATURE）」の字幕が現れる。ジョゼットとゲデオンの物語が再び始まる。夜の中を、雪の中を、車を走らせながら、彼が「少女　それとも女？　女か少女か、すぐ分かる」と言う。「赤信号に引っかからないことがない」。おまじないのつもりか、ジョゼットが「アブラカダブラ　毛沢東ゲバラ」と口にする。瀟洒なアパルトマンの室内。全裸のジョゼットが廻り階段を降りてくる。どこかで見たことのあるような光景。続いてやはり裸のゲデオンも。その男とどこで会ったのかと彼が訊ねる。指で円弧を描きながら、彼女は答える。「キンシャサ。川がカーブしてる所で」。そんな題の本があったなとゲデオンは言う。するとショットが切り替わり、ゲデオンはもう一度、そんな題の本があったなと言う。「ええ、ノーベル賞を受賞した小説よ」。V・S・ナイポールの『暗い川（A Bend in the River）』（1979年）のことだと思われるが、ゲデオンはガウンを羽織りながら、ノーベル絵画賞も音楽賞もない、とだけ答える。「知ってるわ」。この時、画面は背中を向けているジョゼットの後ろ髪を触ってから左方向に歩くゲデオンの動きを追って室内をパンしながら、とつぜん右にカメラごと90度回転し、横転した状態で鏡に映った二人を捉えた後、微妙に傾いだフレームのまま、またゲデオンと共に右に戻ってゆく（精確に言えば、この間に、後に出てくる「窓のある部屋」らしき夕景のショットがインサートされる）。「彼がいた銀行は？」と彼は訊ねる。ジョゼットの返事は、日本語字幕では「悲しいかな」。意味が通じていないようだが、後で説明を試みよう。

黒画面を挟んで、大きなテレビモニターがある部屋。かなり低い位置に置かれたカメラが左から横移動してくるが、またもや一度途切れた後、すぐに繰り返される（このショットは部屋にレールを敷き、おもちゃの電車にカメラを載せて撮影されたという）。ルーベン・マムーリアン監督の『ジキル博士とハイド氏』（1932年）が映っている。まだ裸のままのジョゼットが、傍らのゲデオンに、ここにいては駄目、危ない、と言う。「全然怖くない、ジョゼット」と彼は答える。ということは、ここはジョゼットと夫の住居なのだろうか。「怖いわ。今では誰もが恐れてる」とジョゼットが言う。彼女の陰部のアップ。「チカワ・アパッチ族は、世界のことを〝森〟と呼ぶ」とゲデオンが言う。ロバート・シオドマク&エドガー・G・ウルマー監督の『日曜日の人々』（1930年）から、森の中で女が男から逃げながら走ってゆく映像がスローモーションでインサートされる。「この朝が夢なら、お互いが夢見る人と考えねば」と、ジョゼットがホルヘ・ルイス・ボルヘス『砂の本』の一節を呟く。

おそらく翌朝、この映画の名（迷？）場面のひとつというべき「脱糞」のシーン、その一度目が始まる。ゲデオンが派手な音をさせながら便器に座っていて、彼が終わるのを待っているジョゼットに、ロダンの『考える人』を知っているかと聞き、彼女が知らないと答えると、したり顔で、それは平等のイメージであると述べる。「この状況下で、全員の思考は、ウンチの中に帰着する」。彼女は我慢して聞いているが、とつぜんシリアスになって、ほとんど独白のように語り出す。「貴女は若い。美しさと強さに満ちている。真剣です。私は死にます。アデュー。アデュー。別れたくない。別れるしかない。何も要らない、何も」。これはジョルジュ・サンドから年若き恋人アルフレッド・ド・ミュッセへの手紙からの引用。ちなみに『フォーエヴァー・モーツアルト』（1996年）で、映画監督ヴィッキー・ヴィタリスの娘カミーユがサラエヴォに上演しに行くのがミュッセの戯曲『戯れに恋はすまじ』（1834年）である（日本版DVD等ではマリヴォーの『愛と偶然の戯れ』とされているがケアレスミスである。最初は『愛と偶然』のつもりだが、すぐに『恋はすまじ』に変えてい

上・下／『フォーエヴァー・モーツアルト』

る。そうでなければ「カミーユ」という役名が生きてこない)。

フェリーが海上を行く。ゲデオンの声がオットー・ランクの『英雄誕生の神話』を論じたフロイトの引用を口にする。「水中での浮き沈みは、夢に現れる誕生の描写とよく似ている」。船から降りてきた人々の姿に、銃声らしきものと、急発進する車のタイヤの音が重なり、血塗れ(?)の噴水が映し出される。一巡目と同じ、ガス工場前を車が走り去るショット。赤のAHの奥に白抜きのDIEUX。「ああ、神よ」。このあと、ロクシーが映し出され、ゲデオンの声が「動物の権利に関する世界宣言」について語り出す。「10条から成る。フランス革命の200年後だ」。森の中や湖岸を気儘にうろつくロクシー。こちらをまっすぐに見ているロクシーのアップに重ねて、次のナレーション。「目を相手の視線からそらすことができるとは考えられない。交わった瞬間、もはや2人ではない。孤独を貫くのは難しい」。これはポール・ヴァレリーの言葉だ。雨の中、どこか考え深げに佇むロクシーが、何かに気付いたのか、左に顔を向ける。そのショットの反復に突然、夜の駅を列車が通過するショットが交錯してきて、遂には走り過ぎる列車の手前にロクシーの後ろ姿が重ね合わされる。この映像は明らかに合成であり、異様に人工的な印象を与える。だが何ごともなかったかのように画面はロクシーの散歩へと戻り、背中でも痒いのか、雪の地面を呑気に転げ回っている。声は続ける。「動物は世界を見る。意識で目が曇った人間は世界を見られない。リルケは書く〝動物の目を通し外のものを知るしかない〟。ダーウィンも、犬は自らよりも人間を愛する唯一の動物だと主張する」。ショットごとに季節はばらばらで、画質も色調もモーションスピードも異なっている。ここでリルケの『ドゥイノの悲歌』の第八悲歌をもじって語られている一種の「動物」論は『さらば、愛の言葉よ』を貫く重要なモチーフのひとつである。ゴダールはロクシー＝犬＝動物の目を、人間の目よりも、そして３Ｄカメラの目よりも、「世界」をよりよく見られるものとして提示している。

これに続くのが、ファブリス・アラーニョがインタビューで触れていた「影」のシーンである。ライトアップされた夜の路上に、ジョゼットとゲデオンの影が映っている。「神の〝影〟よ。愛する女にとっての男ね」「神の存在を止める者はいない」「残念」「ジョゼット」。ジョゼットがくわえた煙草にゲデオンがライターで火をつける。「この物語ではまだ、そこまで来てない。彼らをつなぐ理由が、２人の言い分では、まるで逆で、将来があるとは思えない。闇に向かってる」。夜のガソリンスタンドでゲデオンが給油していると、いつのまにか一匹の犬が車内に入り込んでいる（姿は映らない）。ジョゼットは乗せていきたがるが、彼は追い出そうとする。しかし続くショットでは、犬＝ロクシーは陽の注ぐ部屋のソファに寝そべっている。また夜になっていて、モニターにはヘンリー・キング『キリマンジャロの雪』（１９５２年）が映っている。服を着ているジョゼットにゲデオンが話し掛ける。「もし

(シ＝si)、相手と向き合うことで……、言葉が生まれるなら」。彼女は答える。「ドレミファソラ シ」。ゲデオンは「ラ、ラ」と繰り返す。そして彼は、こう言う。「左右が逆もありえた。上下ではない。なぜだ (Gauche et droite ont été inversées, mais pas l'haut et le bas, pourquoi?)」。意味不明としか言い様のない台詞だが、私たちは、追ってこの言葉に立ち返ることになるだろう。

手前にジョゼットが立っており、その後ろに背中を向けてゲデオンがいる。彼の前には鏡があるが、フォーカスはジョゼットに絞られていて、ゲデオンの二重の姿はピンボケである。彼女は語る。「ガス室に入ると、子供が〝なぜ？〟と母親に聞いていた。親衛隊《SS》が叫んだ」。そしてドイツ語で「理由はない！」と叫び、彼を振り向いてもう一度、フランス語で「理由はない！」と言う。ゲデオンは、それには直接答えず、数学の授業で「シュワルツ＝ディラック曲線」を習ったと話す。「ゼロという1点を除いた、すべての点で無限となる」。彼女はふたたび振り向いて「その逆よ」。彼が「2大発明とは、無限大とゼロの概念だ」と言うと、彼女は「違うわ、セックスと死よ」と返す。そして何度目かの黒地に白孔の謎の画面が挿入され、デジタル・グリッチされた草原の映像の中をロクシーが歩む。アパルトマン、全裸のジョゼットが「4年前、私を刺したわ。忘れた？」とゲデオンに問う。彼女はモーリス・ブランショ『期待 忘却』の台詞を口にする。「私が話せるようにして (Fais en sorte que je puisse te parler)」「聞いてると確信させて（Persuadez-moi que vous m'entendez)」。夜のドライヴ。彼女が問いかける。「どこへ?」「まあ待て」「彼は私たちを変えられなかった。貧しい人に」「彼って?」「変えたくなかったの」。彼女は静かに言う。「それで彼は私たちに屈辱を与えた」「彼って?」「神よ」。

『さらば、愛の言葉よ』で何度か持ち出される「神（Dieu)」のテーマは、ジェラール・ドパルデューが「神」（?）を演じた『ゴダールの決別』（1993年）まで遡ることが出来る。危険な恋に身を委ねる二人にとって、「彼」とは第一にジョゼットの夫のことであるわけだが、それは同時に「神」のことでもある。ゲデオンの「彼がいた銀行は?」という問いへのジョゼットの答えは「悲しいかな」だった。Hélas。つまり彼女の夫が勤めていたのは、ヘラス（Hellas）＝ギリシャの銀行だったのではないか。『ゴダール・ソシアリスム』の第三楽章「われら人類」は、第一楽章の舞台だった豪華客船の航路であるエジプト、パレスチナ、オデッサ、ギリシャ、ナポリ、バルセロナにかんする種々雑多な映像のコラージュだが、それぞれの土地の名称は原語で表示される。従ってギリシャは希語で「ΕΛΛΑΣ（ヘラス)」と字幕が出てから、女の声で「Hélas（哀れな)、Hellas（ギリシャ)」というナレーションが入る。「民主主義と悲劇は、アテネで結婚した。生まれた子供は、内戦」。

『ゴダールの決別』の原題は「Hélas pour moi（なんとかなしいことだ)」である。「さら

上／『ゴダールの決別』・下／『さらば、愛の言葉よ』

ば」と訳されている『Adieu au Langage』の「アデュー」が、別れる時だけでなく出会った時の挨拶でもあることは、インタビューでゴダール自身が語っているが、このことは既に『決別』の中で言われていた。「会ったときにさらばっていうの。スイスでは」。また『決別』には、こんな台詞もあった。「男を愛する女にとって、どんな男も神の影では?」。フランスでは有名な精神分析医フランソワーズ・ドルトに由来するこの言葉は、先の「影」のシーンのジョゼットの台詞と同じである。これらのことだけではなく、『さらば、愛の言葉よ』は、ある意味で、幾つかの意味で、『決別』の「続編(パート2)」である。だが、これらのこと以外については、また後で語ることにしよう。

荒れ狂うレマン湖。ジョゼットの声が「うちで『フランケンシュタイン』を」と言っている。どういうことかは、すぐにわかる。いまだ波立つ桟橋で脅えるロクシーに、誰か(ゲデオン?)が「帰ろう!」と声を掛けている。突然、ストップモーションからのヘリコプターの映像が入ってくるが、着陸に失敗して炎を上げて大破してしまう。ゴダールらしからぬテクノ風サウンドが一瞬流れ出すが、すぐにカットアウトし、この映画で執拗に反復されるチャイコフスキー作曲「スラブ行進曲」の冒頭に差し代わる。ゲデオンの声が、「森と、小さな丘と谷でできた、お前の円形競技場の中で、青白い死神が、暗い軍勢を慌てさせた」と、ヴィクトル・ユゴーの詩「贖罪」の一節を朗読する。そしてここで、この映画の二度目の

「1：自然」は終わりとなる。

さて、二度目の赤い「2」が3Dで浮かび上がり、二度目の「隠喩　メタファー（LA MÉTAPHORE）」の字幕が現れる。イヴィッチとマルキュスの物語が再び始まる。またもやフェリーが岸に向かってくる。一度目の「2：隠喩」の最後に置かれていた、コートに帽子姿のイヴィッチが鉄柵に手を掛けて立っていると、男の腕が伸びてきて「君に従う（Je suis à vos ordres）」と告げるショットが反復される。だが今度は、ほんの少しだけ長い。イヴィッチは僅かに手を彼の腕に寄せて、視線を動かす。次のショットでは、二人は車に乗っている。「どこへ？」という問いと「行くべき所」という答えが、台詞を入れ替えて繰り返される。イヴィッチがキンシャサで記者から聞いた話。毛沢東にフランス革命の影響を尋ねたら、長い沈黙の後で「評価にはまだ早い」と毛は答えた。「ロシア語で牢獄は〝カメラ〟」と彼女が言う。「ロシア煙草はアメリカのより健康的」「なぜ？」「煙草の葉が少量」。マルキュスは「ロシアは変わらん」と断じる。「ヨーロッパ人になったら、二度とロシア人に戻れない」とイヴィッチ。「速度を下げず青信号で通りたい」と彼が願うので、彼女は「アブラカダブラ　毛沢東　ゲバラ」と呪文をとなえる。

アパルトマン。全裸の二人。「アフリカで何を得た？」「沈黙。騒音だらけ。戦いの音。動物も。沈黙が訪れると、よその国。誰かが来て話しかける」「言葉で何かが始まる」。テーブルの傍に立つイヴィッチの尻から太腿のあたりを、後ろにしゃがんだマルキュスが撫で回す。それは愛撫というよりもマッサージに近い。彼が言う。「社会との関わりを乱す者は、純然たる自由に刃向かう」。ここで、この映画で二度目の「視野闘争」が起こる。画面の右に歩いてゆくと、画面は左右に分裂する。左目は煙草を吸うイヴィッチを捉えているが、右目はマルキュスを追ってパンニングする。彼は「私は話す。これは主体」と呟く。コートを持って戻り、彼女に手渡す。ここで画面はいったん合体する。「出て行くわ」とイヴィッチが言い、画面はまたもや分離する。「私は聞く。これは客体」とマルキュスが言う。再び彼は右に向かい、上着を羽織ってから、彼女の前に戻る。画面も元に戻る。「すべて失った。踏み出せよ。自由を放棄すれば、すべて戻るさ」と言って、彼は不自然に笑いながら彼女に赤い花を数本手渡す。彼女は「通訳を雇わないと」と言う。「なぜだい」「もうすぐ誰もが通訳を必要とする。自分の言葉を理解するために」。更に沢山の花束を彼が投げ渡す。イヴィッチは花に顔を埋める。

二度目の視野闘争は、やはり二番目の物語の中で、だが今度は続けて二回、惹き起こされた。ここで映画が始まってから、ちょうど四十分が経過している。『さらば、愛の言葉よ』の上映時間は六十九分だから、終わりまであと約三十分。

2-2-1

『さらば、愛の言葉よ』には、ジャン＝リュック・ゴダール自身の筆によるレジュメのテクストが存在している。それは次のようなものだ。

テーマはシンプルだ
人妻と独身男が出逢う
ふたりは愛し合い、口論し、叩き合う
一匹の犬が町と田舎を彷徨う
季節はめぐり
男と女は再会する
犬は気付くとふたりのもとに落ち着く
他者が個人の中にいて
個人が他者の中にいる
そして登場人物は三人になる

かつての夫が全てを台無しにし
映画の第二幕が始まる
第一幕と同じようで
それでもどこか異なる
人類からメタファーへと移り
犬の啼き声と赤ん坊の泣き声で
物語は終わる

このレジュメは、ゴダールのこの手の書き物としてはいささか珍しいことに、実際にある程度まで、この映画の物語的な理解を助けてくれる。というか、ここに書かれてある幾つかの情報を、多少の無理をしてでも映画に当て嵌めてみることによって、かろうじて『さらば、愛の言葉よ』の物語らしきものが、ぼんやりとではあるが浮かび上がってくる。読まれる通り、それは「1：自然」におけるジョゼットとゲデオンの物語を、「2：隠喩」のイヴィッチとマルキュスの物語が反復する、というものである。

だがその反復たるや、ここまで見てきたように、数多くの無視し難いズレや違いを有する、甚だ不十分なものでしかない。むしろゴダールは、反復そのものよりも、その不完全性、不可能性をこそ描こうとしているようにも思えてくる。また、それ以前に、そもそも反復される人妻と男と夫の三角関係の物語自体、明らかにまともに語られていない。シーンの構成は極端に断片化されており、その時間的な順序や、場面と場面の間にどのくらいの時が過ぎたのかも、どうにも判然としない。私だって、この筋書きを読んで初めて、そういうことだったのか、と少なからぬ驚きと共に知った次第なのだ（たとえばジョゼット／イヴィッチを威嚇するドイツ語を喋る男が彼女の「夫」であることは、この映画のどこにも明示されていない）。

逆に言えば、このレジュメがなかったら、登場人物の間で一体何が起こっていたのか、この映画の物語が如何なるものであったのか、ほとんどの観客が、ほぼまったく理解出来ないままだろう。同じ物語が二度繰り返されている、という基本構造自体、そう教えられるまで皆目思い至らなかった、というひとの方が、むしろ多いのではあるまいか。つまり、ここでは、反復される物語も、反復という行為も、どちらも失敗しているのだ。そして／しかし、言うまでもないことだが、この二重の失敗は、明らかに故意に成されている。

だが、そもそもゴダールの映画で、とりわけ近年の作品で、物語がわかったことなど、ついぞあっただろうか、と指摘する声もあるかもしれない。確かに、ことゴダールにおいて、物語的な理解の困難ないし不可能は、今に始まったことではない。たとえば『ゴダール・ソシアリスム』も、物語はけっしてわかりやすくはなかった。豪華客船を舞台とする第一楽章「こんな事ども」では、スペイン内戦（1936年）時、オデッサへの輸送途中に忽然と消えた「スペインの黄金」の在処を巡り、黄金の紛失にかかわった疑惑のある、複数の偽名を持つ元ナチスの二重スパイ、ゴルトベルク＝クリストマンの身辺を、フランス人の老捜査官フォンテスと、若きロシア人女性オルガ（『アワーミュージック』にも同じ名前の人物が登場する）が、それぞれの秘密の目的にもとづいて内偵する。前にも触れた堀潤之の『ソシアリスム』ブルーレイ版解説で詳しく述べられているが、ここでは歴史上の出来事に、ゴダールによる創作が加えられており（実際には「スペインの黄金」は紛失されていない）、更にはジャック・タチの逸話も仄めかされている。二十一世紀以降のゴダール作品に顕著な、世界史＝映画史への批判的考察が色濃く窺えるのだが、実のところ、いま記したようなごく基本的な設定でさえ、幾つかのシーンで散発的に口にされる台詞と、俳優たちの意味ありげな行動を、相当な注意力と集中力をもって、論理的思考と想像力を駆使して繋ぎ合わせることによって、ようやくほの見えてくるものであって、少なくとも一度や二度、ただ漫然と同作を観たぐらいでは、まずほとんど把握することは出来ない。

なぜ出来ないのか。それはもちろん、語られるべき内容に比して、語りの量が決定的に不足しているからである。もっと単純に言うなら、シーンとショットの数が足らないからだ。

上・下／『ゴダール・ソシアリスム』

『ソシアリスム』第一楽章を「スペインの黄金」にかんする陰謀と探偵の物語として観客に十全に与えるためには、それを物語る映像＝音響があまりにも少な過ぎるのである。一般に、すぐれたストーリーテラーとは、物語られる内容を過不足なく物語（れ）る者のことを指している。しかし『ソシアリスム』の語りは、省略と欠落だらけの、こう言ってよければスカスカなものであり、その隙間には、代わりに複数の全然違うものが嵌め込まれている。そしてこれは『ソシアリスム』に限らず、ゴダール映画の説話上の特徴と言っていい。

いうなれば、ＪＬＧの物語には過不足しかない。むろんこれもほとんど自明のことではある。それに、過不足のない円滑で上手なストーリーテリングに対する、何らかの意味でアンチテーゼ的なスタンスやスタイルを備えた映画作家は、ゴダール以外にだって、かつても今も沢山居る。だがゴダールは、とりわけ或る時期以降のゴダールは、何よりも現在のゴダールは、そのような物語批判者、物語破壊者たち、実験主義者、方法主義者たちとは、完全に異なる存在である。彼は「物語」を憎悪も愚弄もしていない。『ソシアリスム』における「スペインの黄金」のプロットや、先のレジュメに書かれてあった、彼の映画に埋め込まれている筋書きは、反＝物語のために要請／捏造されたものではないし、物語そのものよりも物語る行為の方が重要視されているのでもない。

そうではなくて、ゴダールの映画には、たとえ過不足だらけに思えようとも、多くの観客にとって理解不能なものであったとしても、そこには必ず、誰よりもまずJLG自身にとって極めて重要な、切実とさえ呼び得るような「物語」が潜在している。私には、そう思える。ゴダールは、むしろ物語りたいと、物語るべきだと、強く思っている。今となっては、自分でさえ、自分こそが、物語らねばならないのだと。

だが、だとすれば、なぜゴダールは、何ごとかを物語りたいと切望しているのにもかかわらず、常に必ず、そのことに「失敗」してしまうのか。この問いへの、ひとつの答えは、物語るということと、伝達するということは、彼にとっては別のことなのだ、というものである。それから、もうひとつの答えは、ゴダールは、これで十分だと思っているのだ、というものである。実際、そう考えてでもいなければ、こんな隙間だらけの物語を、二度も繰り返したりするだろうか?

「2」には複数の意味がある（「複数」というのは、2つ以上ということだ）。まず、順序の2。2番目という時の2、1の次で3の前であるところの2、という意味がある。次に、反復の2。2度目という時の2、ある出来事が（あるいは殆ど同じ出来事が）もう一回繰り返される、という意味がある。そして、ペアの2。2対という時の2、対立的か相補的かはともかく、2つで一組を成す、という意味がある。また、その反対の、ひとつで2つ、2面性とか2重の、という場合の2もあるだろう。2とはそもそも奇妙な数である。足しても掛けても同じ答えになる数は、2の他には0しか存在しない。2+2=4。2×2=4。2とは例外的な数字なのである。

ジャン=リュック・ゴダールという映画作家は、これらのさまざまな「2」のいずれにも並々ならぬこだわりを示してきた。私は遠い昔に『ゴダール・レッスン』(1994年)という少々気負った題名の本を出したが、その副題は「あるいは最後から2番目の映画」だった。今より二十歳も若かった私は、やはり少々気負いつつ、こんなことを書いている。

> ジャン=リュック・ゴダールのレッスン。JLGが教えてくれるのも、最後から2番目であることの倫理、ではないだろうか? 映画は彼の登場によって、終わりをプリセットされた。いや、これでは正確な表現ではないだろう。JLGは映画が終わることの可能性を切り開いたのだ。彼こそがその「可能性」そのものだと言ってもいい。彼はそもそもの出発から、映画史への残虐なエクスタミネーターとして振る舞ってきた。映画それ自体に限界的な体験を強いること。しかしそれはまた同時に、映画を何度となく発明し直すことでもあった。彼は映画を音響と映像に解体し、新たにソニマージュへと生まれ変わらせる。そうしてJLGが獲得したのは、私たちの生きるこの世界に、有限であるしかない映画と

いう存在が対応するための、極めて実践的なメソッドであった。
今や、映画を終わらせる野蛮な意志を持つ者のみが、真に映画作家と呼ばれるべきなのだ。だが、誰も「最後の映画」を撮れはしないだろう。それはいつも「最後から2番目」なのであり、この残酷な事実を受けとめられる者だけが、ゴダール以後の世界を生きることが出来るのである。

（『ゴダール・レッスン』）

「最後から2番目」とは、ラストワンではない、ということである。終わりに限りなく漸近しつつも、その手前に留まること。ゴダールが長い長い年月、その登場から現在に至るまで、してきた／していることは、ただしくこのような「最後から2番目」であり続けようとする態度だと思える。この意味で私は、かつての自分の青臭い文章を特に改訂しようとは思わない。

むろん、それだけではない。2番目、パート2、続編というものに、ゴダールは何度か、通常のそれとはかなり異なった、不可解ともいうべきアプローチを試みている。アンヌ＝マリー・ミエヴィルとの「ソニマージュ工房」の第二作として発表された『パート2』（1975年）が、なぜそう題されているのかといえば、もともとこの映画が、あの『勝手にしやがれ』（1960年）の「続編」として企画されたものだったからである（プロデューサーも

『勝手にしやがれ』と同じジョルジュ・ド・ボールガール）。だが、ある平凡な家族の日常に潜在する政治性を、映像＝音響の次元で冷徹に考察した『パート２』は、あらゆる意味で『勝手にしやがれ』とはまったく似ても似つかない作品になっていた（ゴダールは、それを「経済的リメイク」にして「知的リメイク」と呼んでいる）。

また、一九九〇年の東西ドイツ再統一を経て、ベルリンで撮影された『新ドイツ零年』（１９９１年）は、題名からしてロベルト・ロッセリーニ監督の『ドイツ零年』（１９４８年）の「新版＝パート２」を標榜しているが、登場するのは『アルファヴィル』（１９６５年）の主人公だったスパイ、レミー・コーションであり、『アルファヴィル』と同じくエディ・コンスタンティーヌが演じている。つまり『アルファヴィル』の「パート２」でもあるわけだが、そもそもレミー・コーションとは、コンスタンティーヌ主演の一連の人気アクション映画のシリーズ・キャラクターであり、つまり『アルファヴィル』自体、ある意味では既に「２」であったことになるだろう。

反復の２、ある既に語られた物語を語り直す、造り直すという試みも数多い。明示的なものだけでも、たとえば『カルメンという名の女』（１９８３年）は、プロスペル・メリメの原作を翻案したジョルジュ・ビゼーのオペラを現代に置き換えたストーリーだったし、『ゴダールのリア王』（１９８７年）も、同様にシェイクスピアを換骨奪胎した作品である。『ヌー

上／『パート2』・下／『勝手にしやがれ』

上／『アルファヴィル』・下／『ヌーヴェルヴァーグ』

ヴェルヴァーグ』（1990年）は、アラン・ドロンを主演に迎えて、パトリシア・ハイスミスの原作によるドロンの代表作『太陽がいっぱい』（1960年）を独自に語り直（そうとして「失敗」）し（てみせ）た映画であった。また、同じ男が別の存在として還ってくる／別の存在が同じ男として還ってくる、という点で、『ゴダールの決別』を、『ヌーヴェルヴァーグ』の語り直しと考えることも出来るかもしれない。更に、断片化された挿話として映画に埋め込まれている「2」となると、もはや枚挙に暇がない。台詞や人物、状況の「引用」も、一種の「2」であるのだから。

ペアの2は、もちろんまず第一に男女＝恋人＝夫婦＝カップルという設定が挙げられる。ゴダール映画の多くは、ある一組の男女の物語、あるいはある男女にもうひとりの男が加わった三角関係の物語、あるいは幾組かの男女ペアの物語群の組み合わせで構成されている。もっとも、これはヌーヴェルヴァーグの範例というべきかもしれないが。だが、ゴダール自身が、アンナ・カリーナ、アンヌ・ヴィアゼムスキー、アンヌ＝マリー・ミエヴィルと、各時代ごとに、ひとりの女性との公私にわたるペアで活動してきたことを忘れてはならない。ヴィアゼムスキーとミエヴィルの間には、ジガ・ヴェルトフ集団として共に闘ったジャン＝ピエール・ゴランも居た。2人というのは、友愛の最小の単位であり、友敵の最小の単位でもある。つまり、2対とは「物語」の最小の単位である。

そんなことはない。1だけでも物語は可能だ、という反論がありえるだろうが、それは違う。1の語り、1としての語り、モノローグは、実は1ではない。独白、あるいは独白でさえない孤絶した沈黙であっても、こちら側に、つまり読者であるとか観客であるとかの側に、常に少なくとももうひとりが存在しているのであって、たとえ本当は実在していなかったのだとしても、その「2人目」は、常に想定され、期待されているのだ。つまり、2から1が引かれた場合は、私たち自身が、もうひとつの「1」になるのである。2−1+1=2。ゴダールの映画は、そのストーリーは、一見どれだけ複雑に思えようとも、ごくシンプルな2に、もしくは2の倍数に還元することが出来る（もちろん例外はあるが）。そういえば『ゴダール・ソシアリスム』（2010年）には、「国家は自分だけを夢みる。個人は二人でいることを夢みる」という台詞があった。また、2重の2については、第一に『愛の世紀』と『ゴダール・ソシアリスム』で語られる「2重スパイ」という設定を挙げておくべきだろう。

ところで、2=1+1である。とすれば、ここで『ワン・プラス・ワン』（1968年）に触れておかないわけにはいくまい。ブライアン・ジョーンズ在籍時のザ・ローリング・ストーンズが「悪魔を憐れむ歌」をレコーディングする様子（ジョーンズが次第に孤立してゆく）を、極端に機械的な横移動のカメラで延々と捉え続けたドキュメンタリー映像と、アンヌ・ヴィアゼムスキー扮する女闘士やブラック・パワーが出てくるフィクション／セミドキユメンタリーのパートが無造作に連結されているこの作品について、ゴダールはこんなことを述べている。

一方にワンが、ローリング・ストーンズがいて、もう一方に、それと向きあって私がいたわけです。だから、ワン・プラス・ワンになったわけです。
1＋1というのは2をつくるためのものです。でも私はあとで、二つのものの間には、プラスとかマイナスとかのなにかがあるということに気づきました。そこには2しかないわけじゃなく、3とかほかのなにかとかがあるのです……そこにはつねに3があるのです。この映画が映画としてうまくいかなかったのはそのためです……こう言ってよければ、ワンとワンしかなかったからです。しかもそれらは対等の状態に達することがなく、そのために、プラスが私をワンとワンの外へぬけ出させてくれるということがなかったのです……私はこの映画では、プラスをとりあつかおうとはしなかったのです。プラスはこの映画では、単なるいくつかの要素にすぎないのです。
（『ゴダール　映画史（全）』奥村昭夫訳）

ここでゴダールが語っている「プラス」の潜勢力の話は、ジル・ドゥルーズの有名な「と(et)」の議論を、いやが応でも思い出させる。この直後より、ゴダールがゴランと二人で、ジガ・ヴェルトフ集団の名のもとに追究していったのは要するに、この「＋／et」であったと言っていい。ワン・プラス・ワンが「2」以上の何かになること。言い換えるならそれは「2」が、単なる「2」ではなく、それ以上／以外であり得るということである。音(Son)と映像(Image)を無造作に繋げた「ソニマージュ(Sonimage)」という造語も、この「＋／et」の問題系から出てきたものだろう。ソン＋イマージュ＝ソニマージュだが、逆にソニマージュをソンとイマージュに分解すると、そこに剰余が残る／現れるというわけである。

ただし、「彼のソニマージュ」でも触れておいたことだが、私としては、このような「1＋1＝3（＋α）」的な認識は、ともすれば安易な神秘化、特権化に繋がりかねないとも思える。なにもわざわざ計算間違いの「3」を持ち出さなくとも、むしろ1＋1＝2という数式が、それ自体として過激な力を有しているのだと考えるべきではないだろうか。

そもそも1＋1＝2とは、モンタージュ（編集）の最小の単位である。ひとつの有限な持続＝断片がある。そこに、もうひとつの有限な持続＝断片が、ただ単に足される。するとそこに「2」が生まれる。1＋1＝2とはシネマの最小の単位である。もちろん映画史には、最初から最後までショットの切れ目がない（かのように装った）、すなわち「1」の映画が何本か存在している——アルフレッド・ヒッチコック監督『ロープ』（1948年）、アレク

上・下／『ワン・プラス・ワン』

サンドル・ソクーロフ監督『エルミタージュ幻想』（2002年）、白石晃士監督『ある優しき殺人者の記録』（2014年）、ゼバスティアン・シッパー監督『ヴィクトリア』（2015年）など――が、モンタージュをシネマの基礎に置くゴダール的観点に立つならば、それらの挑戦も1＋1＝2から逆接的に導き出された発想だと考えられる。それらの「1」は、純然たるワンというよりも、いわば「2＋α」を強引に圧縮した「1」なのである。

1＋1＝2のモンタージュは、多くの場合、更にそこに次々と1が足されていくが（1＋1＋1＋1＋1……）、ワン・プラス・ワンの2対で成立する画面連鎖がある。それは「切り返し」である。『アワーミュージック』で、ゴダール扮するジャン＝リュック・ゴダールは、サラエヴォの学生たちを前にしたレクチャーで、ハワード・ホークス監督『ヒズ・ガール・フライデー』（1940年）のケーリー・グラントとロザリンド・ラッセルの2枚のスチールを入れ替えながら、「カットの〝切り返し〟は映画の基本だ。だが、このホークス映画の写真を見ると、同じ写真を二度、使ったように見える。監督が男女の違いを区別出来なかったからだ。似通っているから厄介なのだ」と言う。グラントとラッセルの写真は到底同じには見えないのだが、ゴダールが言いたいことは、話の続きでわかる。

「歴史の同じ瞬間を写した、2枚の報道写真があるとしよう。真実であるのに二つの様相があることになる」。「juif（ユダヤ人）」という文字が附された写真。次いで「musulman（貶められたユダヤ人)」という文字の附された写真(言うまでもなく、ここで暗に言及されているのは、ジョルジョ・アガンベンの「ムーゼルマン」である)。そしてゴダールは言う。「1948年、ユダヤ人は水を渡って約束の地を目指し、パレスチナ人は水を渡って溺死した。カットの切り返し。イメージの切り返し。フィクションのユダヤ人と、ドキュメンタリーのパレスチナ人」。彼が持っているのは、カラーの、おそらくは映画のスチール写真と、モノクロの、おそらくは報道/記録写真である。ゴダールはその2枚を幾度か切り返してみせる。そして、彼のレクチャーは、ボスニア語の通訳によって逐一、もう一度繰り返される。

モンタージュの「2」以外にも、ショット/イメージの次元における「2」はある。『パート2』では、画面内に置かれた2台(シーンによっては3台)のテレビモニターに異なる映像が映し出される。これを並列的なモンタージュと呼ぶことも出来るかもしれない。そこには通常のモンタージュでは不可避的に生じる1番目の映像と2番目の映像の序列が存在しない。2つのイメージは、ひとつのフレームの左右に、ただ並べられている。厳密に言えば、観客は、その2つのイメージを一度に見ることは不可能である。右目で右の、左目で左のイメージを、別々に/同時に見でもしない限りは……。

そう、『さらば、愛の言葉よ』の、あの3Dの「視野闘争」は、おそらくこのあたりに淵源がある。1+1=2をショットの連鎖ではなく、ショットの内部で演算すること。

2-2-2

再び始めよう。2度目の視野闘争の後、テレビモニターのある部屋を、低い位置に置かれたカメラが左から横移動してくる。イヴィッチとマルキュスはまだ半裸だ。彼が「旦那の仕事は?」と尋ねる。「イベント企画」。画面にはボリス・バルネット監督『青い青い海』(1935年)が映っている。イヴィッチはマルキュスに、かつて彼が彼女に言った「君に従う(Je suis à vos ordres)」とは、どういう意味だったのか、と訊ねる。すると彼は彼女の足元にすがりつき、「もう意味はない」と呻く。「もっと重大な問題が。思考や視線ではない」とマルキュスは続ける。「もう夏よ。まだ答えてない」「声は上げた。無産者《プロレタリア》を事物の王と呼ぶ」。これは哲学者アランの引用。またもや『日曜日の人々』が挟み込まれる。イヴィッチが「まだ写真を?」と訊ねると、「1:自然」で一瞬だけ映った、窓の外に明るい田園風景の広がる、ほとんど何もない、誰もいない無灯の部屋の映像が現れる。マルキュスは言う。「森を表現するのは簡単だ。だが、森のすぐ近くの部屋は……難しい」。これは若き日のゴダールが書いた映画評のパラフレーズである。「事実、困難なのは林(引用者註:原文では〝森〟)を見せるということではなく、ある居間を、その目と鼻の先に林があることがわかるように見せるということである」(「別のところに――アレクサンドル・アストリュック『女の一生』」、『ゴダール全評論・全発言I』奥村昭夫訳)。ちなみに、こう続く。「そしてさらに困難なのは、海を見せるということではなく、ある寝室を、そこから七百メートルのところに海があることがわかるように見せるということなのだ」。マルキュスは独り言のように言う。「それで数年、過ぎた」。だがイヴィッチは「あなたの幸福なんてウンザリよ、〞ノン〞と言うためにいるのです」とにべもない。「1：自然」のゲデオンと同じく、マルキュスも「インディアンごっこの時、好んでアパッチになってた。彼らは世界のことを〝森〞と呼ぶ」と呟く。

2度目の「脱糞」のシーン。イヴィッチがシャワーを浴びようと服を脱いでいる。彼女はマルキュスに「待たせないでよ」と言う。便器に座っているマルキュス。「つまり……」「ウンチは平等だと言うんでしょ」。黒画面になって「ここでは誰もが平等だ」「また見てる」「残念だ。森がない」「ケンカはしないと言ったわ」。シャワーの音に、マルキュスの下の音が重なる。まだ腰掛けたままの彼の前に、イヴィッチが全裸で立つ。シリアスなのかギャグなのか判別し難いシーン。彼は彼女に触れようとするが、撥ね除けられる。シャワーの水しぶきがアップで映った後、いつのまにか全裸になったマルキュスがイヴィッチに挑みかかるが、彼女は激しく抵抗する。「我らを許すよう神に祈って」とイヴィッチが泣き声で言うと、彼は諦めて「さあ、行ってしまえ、微笑みを残し」と彼女を解放する(この場面は『カルメンという名の女』のカルメンとジョゼフのシャワー・シーンを思い出させる）。雪の路上を車が行く。スプーンとナイフのアップ。ナイフの先には血のような液体がついている。赤文字のOHの向こうに白抜きでLANGAGE。「おお、言語よ」。キッチンシンクにスライスされた果物。やはり朱色の液体が溜まっている（このショットはゴダールとアンヌ＝マリー・ミエヴィル共同監督の短編『自由と祖国』〈2002年〉の抜粋）。今度は赤いAHの向こうにDIEUX。「ああ、神よ」。フェリーがやってくる。桟橋に集う人々。カフェの喧噪。そこに、あからさまなカットインで、まるで録音のようにくぐもった銃声と鐘の音が重なって聞こえたかと思うと、いきなりまたあのガス工場前になり、路上を車が走り過ぎながら、今度ははっきりと銃声がして、噴水に男（マルキュス？）が倒れ込む（この様子は、不自然に分断／連結された2ショットで描かれる）。傍に女（イヴィッチ？）が居る。血塗れの水面に浮かぶ男の頭。女が男の手を握ると、息も絶え絶えに男は言う。「さあ、触れるまい。砕け散る思い出には」。これはルイ・アラゴンの詩句。すると女は男の手を突き放す。次のショットでは、イヴィッチが膝を抱えて煙草を吸っている。誰か（ダヴィッドソン？）が「警察が来る。行きましょう、早く」と声を掛けると、彼女は吐き捨てるように言う。「言葉。言葉など聞きたくない」。

ロクシー・ミエヴィルはまだ散歩の途中で、川沿いをうろついている。と思うと、水嵩を増した川を流されて行くロクシー。一瞬驚くが、無事だったのだろう（しかしどうやって助けたのだろうか？）。マルキュスのナレーション。「動物に〝裸〟の概念はない。自覚せずに裸なのだから〝裸〟ではない」。これはジャック・デリダの『動物を追う、ゆえに私は（動物で）ある』からの引用である。川に架けられた橋の上のロクシーと、列車が通り過ぎる夜の光景（「失業保険をもらえ！」という何者かの声が聞こえる）が、「1：自然」と同様にクロスカッティングされる。気儘に散歩を続けるロクシーのショットに、声が重なる。「多くの戦争を見てきた。戦いが終われば、誰もが考える。戦死者の処理は？　彼らの戦争が終わっただけ。哲学者とは、他者の顔に悩み、記号の革新的な力を知覚する者である」。最後の部分は、エマニュエル・レヴィナスの言葉だろう。どうやらまた雲行きが怪しくなってきたようだ。川は濁流と化している。だがロクシーはまだ水際にいる。「水が、野太く真剣な声で彼に話した。ロクシーは考え始めた」。ここからのやや長いナレーションは、クリフォード・D・シマックの古典的SF『都市』（1952年）の、やや改変された引用である。この小説では、遠未来の地球で、遺伝子操作で高度な知性を持つに至った犬たちが、亡き人類の歴史を物語る。「水が私に語る。昔から人間に語ろうとしたように。聴く者がいなくとも続ける。だが常に何かを人間に知らせようとしている。ある真理を川から得た者もいた……」。シマックの引用は、後でもう一度出てくる。

上・下／『さらば、愛の言葉よ』

このナレーションは、そのままシームレスに、マルセル・プルーストの『ジャン・サントゥイユ』の引用に繋がってゆく。「日は差しても、川がまだ朝露の夢に眠る時、我々に川は見えない。ここはすでに川だ。だが視界は遮られる。見えるのは虚無と、遠くを阻む霧ばかりだ。この箇所には、見えるものを描いてはいない。だが、見えないものを描いているのでもない。見えないことを描く。クロード・モネ」。最後にモネの名が口にされるのは、これがもともとモネの絵画について語られた一節だからである。

またテレビモニターのある部屋。イヴィッチがフリッツ・ラング監督の『メトロポリス』（1927年）を眺めている。彼女は「登場人物って嫌い。人は生まれてすぐに〝他者〟となる。周囲が人物を作る。無理やり、作り出す」と言う。男の声がそれを引き継ぐ。「人物を作り、語らせる」。これはジャン゠ポール・サルトルがアンドレ・ゴルツの『裏切者』（1958年）に寄せた序文「ねずみと人間」からの引用である。彼女が「選べないの」と言うと、画面外からマルキュスが「見てごらん」と呼びかけ、彼女は彼の方に行く。やはり「1：自然」とよく似た構図の、鏡のシーン。だが今度は手前に居るのはマルキュスであり、その斜め前にこちらに背を向けてイヴィッチが立つ。彼女の顔は後ろの鏡に映っているが、ピントは合っていない。彼が「鏡を見てごらん。2人いる」と言うと、彼女は答える。「つまり……全部で4人よ」。そして「実際、事実は行《おこな》ったことではなく、行わなかったことの表現よ」と続ける。このあたりから、映画はゆっくりと、長い終幕に入ってゆく。マルキュスが真剣な面持ちで「子供を作ろう」と言う。だがイヴィッチは、どうしてだか微笑みを浮かべつつ、「いいえ、まだよ」と答える。そして、こう言うのだ。「犬ならいいわ」。『さらば、愛の言葉よ』が始まってから、五十五分が経過している。映画が終わるまで、あと十四分。

これまでも何度か述べてきたように、『さらば、愛の言葉よ』の前作に当たる『ゴダール・ソシアリスム』は、「第一楽章「こんな事ども」」「第二楽章「どこへ行く、ヨーロッパ」」「第三楽章「われら人類」」の3部構成、その前の『アワーミュージック』も「地獄」「煉獄」「天国」の3部構成、更にその前作である『愛の世紀』でも、冒頭で「3つの物語」というナレーションが聞こえる（が、映画自体は白黒フィルムで撮られた前半とデジタルビデオ撮影による後半に2分割されている）。『愛の世紀』の最初のシーンで若き芸術家エドガー（ブリュノ・ピュッツリュ）は、オーディションにやってきた女優に対して「3組のカップルのある事柄の物語」すなわち「若いカップル、大人のカップル、年配のカップル」の「愛の4つの局面」つまり「出会い、肉体的な愛、別れ、再会」の内、どれかひとつを選ぶことを求める。

このように近年のゴダールにおいては、一本の映画が何らかの意味で「3」という数字によって構造化されていることが多かった。ところが『さらば、愛の言葉よ』は、さまざまな意味で、まったき「3」から身を引き剝がそうとしている。そもそもこの作品が、オムニバス3D映画『3×3D』中の短編『三つの災厄』(タイトル通り、この作品も3部構成である)に続く2本目の「3D映画」であったことも忘れてはならない。純然たる「3」は、ここでも退けられているのだ。

『さらば、愛の言葉よ』は「3」の映画ではない。それはまず第一に「2」の映画である。2つのパートが2章ずつ、2人の女優と2人の男優、2組のカップルによって演じられる。あの「視野闘争」は、2番目のパートで2度、2度目は2回続けて起こる。この「2」の氾濫。だがしかし、それはただ単に「2」であるわけではない。それは「2」の内部に「3」を孕んだ映画、「3」へのベクトルを潜在させつつも「3」に成り損ねる「2」の映画である。或いはこうも言えるかもしれない。それは「2」であることをほんとうは耐え難いと思っている「2」の映画なのだと。

ジョゼットとゲデオンのカップル、イヴィッチとマルキュスのカップルには、なぜか同じ俳優(ダニエル・ルートヴィヒ)が演じているドイツ人の夫が3人目として置かれている。いや、事の成り行きとしては、ジョゼット/イヴィッチとドイツ人の夫婦にゲデオン=マルキュスという3人目が介入するという方が正しい。ともあれ、すでに見たように、この二つの三角関係は、いずれも甚だ中途半端にしか描かれることはない。明らかにこの作品は、ごく真っ当な意味での「3」の映画になることを、そう見せかけながらも実のところは回避、いや、拒否している。

ここであらためて指摘しておきたいのは、この拒否が物語の次元ではなく、映像と音響の叙述の次元で為されていることである。映画内世界では、この2組の3人について、何らかの紆余曲折の物語が存在していることは確かなのだが、ゴダールにはそれを観客に十全に伝達する気がまったくないのである。物語るという行為を、話者（作者）から受け手（ここでは観客）へのコミュニケーションだとして、それが出来る限り円滑かつ精確かつ完璧に遂行されることを何よりも是とするような、いわゆるハリウッド映画的な話法を、『さらば、愛の言葉よ』の監督は、敢然と放棄している。そしてそれは、観客への伝達＝コミュニケーションのために最低限必要なショット／シーンの幾つかを意図的に省略し、その代わりに不要と思われる（ノイズ的な）ショット／シーンを加え、更にはそれらのショット／シーン群を時間継起的／因果律的な正しい順序から無造作に入れ替えることによって行われている。その結果、この映画の物語は俄には了解し難いものになってしまっているのだが、このことによってゴダールが何をしようとしているのかを考えてみなくてはならない。

ゴダールは、意地悪や悪戯心によって物語を隠しているのではないし、隠す仕草によって却ってその隠された物語の存在を暗に際立たせようとしているのでもない。また、語りの過不足によって物語を多方向へと散開させようと目論んでいるのでもない。確かに、ジョゼットやゲデオンやイヴィッチやマルキュスなどといった名前には、ほとんど意味はないし、彼女たち彼たちの登場人物性＝キャラクターを構成する具体的な諸要素や属性も、恣意的な条件が殆どであり、絶対にそうでなければならない、というものではない。しかしそれゆえにこそ、そうした可変的／相対的な変項を全て取り去ったところに、どうしても譲ることの出来ない、語られるべき／伝えられるべき「物語」が現れるのだと考えてみなくてはならない。ならば、それは何か？

それは、1に1が足されて（ワン・プラス・ワン）2となるのだが、その2は2として安定することが出来ず、どこからか別の1がやってきて（ワン・プラス・ワン・プラス・ワン）3になりかかるが、すぐさま1がマイナスされて再び2へと戻り、しかしその2はもはや1＋1の2ではなく、3－1の2、3にワンが足らない2なので、最初の2よりも不安定な2なのであり、今にもワンとワンに分解してしまうことを予感し（怖れ）つつ、新たな3となるためのプラス・ワンを探し求める、という物語である。

この物語こそ、ジャン＝リュック・ゴダールが物語りたいと、物語るべきだと、物語らねばならないと切実に思っている物語である。もっと具体的に述べるなら、恋愛の三角関係と、その破綻を経て、残されたカップルが以前とは異なった「三角形」を志向する時、それは2人にひとりが加わって家族に成ること、第一義的には子供が出来ることを意味している。だからマルキュスは「子供を作ろう」と言うのだ。だがイヴィッチの返事は「犬ならいいわ」だった。もちろんこの犬とはロクシー・ミエヴィルのことである。ロクシーこそ、2度目の3を算出するための1なのだ。

ところで、2度目の「2」を回避するには、プラス・ワンによって新たな「3」を導き出すのとは、また別の方法もある。前にも触れておいたように、単純な算数ではあるが、2＋2と2×2は、いずれも4となる。2人組に、もうひとつの2人組を足すこと、あるいは2人組を2重化すること。すなわち4人になること。これが『さらば、愛の言葉よ』が、なぜ「1：自然」と「2：隠喩」の2つのパートの2巡で構成されており、後者が前者の（不完全なものではあれ）繰り返しになっているのか、という問いへの答えである。これこそまさに2＋2にして2×2ではないか。

先に見た2度目の「2：隠喩」の鏡の場面で、マルキュスが鏡の中に「2人いる」と言うと、イヴィッチは「全部で4人」と答える。これとよく似たショットが2度目の「1：自然」にもあったが、男女の位置は入れ替わっている。よく似ているがまったく同じというわけではない二つのショットは、それぞれの画面の一番手前にある筈のカメラと一番奥に置かれた鏡を逆転させた相似形だと考えることも出来る。別の言い方でいうと、これは一種の変則的な「切り返し」である。鏡に映っている姿は、そのカップルの鏡像＝分身であると同時に、彼と彼女によく似た、もうひとつの物語の中のもう一組のカップルという、別の意味での鏡像＝分身を示唆してもいる。このことは、マルキュスにイヴィッチが「犬ならいいわ」と告げた直後のショットに、はっきりと示されている。ゆらゆらと光を反射して波打つ水と、ピアノを連弾する４本の手のオーバーラップ。鏡のように磨き上げられた鍵盤蓋に４本の手が映っている。つまり、全部で８本。２人いて、もう２人いる。つまり、全部で４人。

さて、これまでは敢て触れてこなかったが、エロイーズ・ゴデという女優が演じるヒロインを、ゾエ・ブリュノーというもうひとりの女優が反復する『さらば、愛の言葉よ』には、ある先行モデルが存在している。それはルイス・ブニュエル監督の遺作『欲望のあいまいな対象』（１９７７年）である。この映画では、フェルナンド・レイ扮する初老の男が、コンチータと名乗る若い女に翻弄され身を滅ぼすまでの顚末が物語られるが、ヒロイン役をアンヘラ・モリーナとキャロル・ブーケが２人１役で演じている。まったく容姿の異なる女優２人の入れ替わりは、一切の説明抜きにシームレスに行われるのだが、ブニュエル本人の弁によれば、そもそも「大多数の観客は、女の役を２人で演じていたことに気がつかなかった」という。むろんこれは、モリーナとブーケが同一人物に見えていたという意味ではない。観客の多くはヒロインが2人だと（少なくとも途中までは）勘違いしていたか、映画の筋をさっぱり理解出来なかったかのいずれか（もしくはその両方）だったのだと思われる。

劇中でフェルナンド・レイは、コンチータという女性の、とてもひとりの人間とは思えないほどの激しい人格分裂に苦悩する。要するにこの映画では、ひとりの女性の2重人格がそのまま2人の女優に割り振られているのだが、映画内世界では、コンチータはあくまでもひとりである（ことになっている）ので、そのことを了解している観客は、この身も蓋もない、文字通りの2人1役を、戸惑いながらも愉しむことになる。

ブニュエルは、この映画を完成させてから六年後の一九八三年七月二十九日に八十三歳で亡くなったが（偶然にも『さらば、愛の言葉よ』が完成した時、ゴダールも八十三歳だった）、その前年の一九八二年に自伝『映画、わが自由の幻想』を出版している。映画監督は、死の間際まで新作を準備していたり、撮影中に不慮の死を迎えることがしばしばあるので、ブニュエルのように、実質的な引退宣言をして監督業から遠ざかり、悠々自適の晩年の中で自らの全ての作品歴を回顧するというケースは比較的珍しい。『映画、わが自由の幻想』によると、ブニュエルは『自由の幻想』（１９７４年）を最後の映画にするつもりだったが、プロデューサーのセルジュ・シルベルマンの懇願によって、もう一本だけメガホンを握ったのだという。つまり、ブニュエルは『欲望のあいまいな対象』を、明確な意志をもって自身の遺作として撮り上げたのである。この事実と、ゴダールが『さらば、愛の言葉よ』を「最後の長編映画」だとインタビュー等で繰り返し語っていることは、無関係ではないだろう。ちなみに、ブニュエルは『欲望のあいまいな対象』について、同書の中でこんなことを言っている。「わたしが映画全体をつうじてつくり出そうとしたのは、われわれ皆が知っており、この世界に生きるわれわれを包んでいる、加害と不安の風土である」。ゴダールがこの言葉を意識していたかどうかはわからないが、これもある程度まで『さらば、愛の言葉よ』にも妥当するのではないかと私には思える。

とはいえ、『欲望のあいまいな対象』のアンヘラ・モリーナとキャロル・ブーケの2人1役が、コンチータというひとりのヒロインに収斂しているのに対して、『さらば、愛の言葉よ』の場合は、2人の女優（および2人の男優）が非常によく似た、ほとんど同じ（ひとつの）物語を担いはするものの、それらは二つのパートに完全に分かれており、役名もそれぞれ別個に与えられている。「1：自然」と「2：隠喩」は、交互に並べられていなければ、両者がひどく似通っていること、「2」が「1」の語り直しであるらしいことは、当然ながら前景化されることはない。逆にいえば『欲望のあいまいな対象』の2人1役には「反復」という要素が入っていいない。

だが、周知のようにブニュエルには、『欲望のあいまいな対象』よりもはるか以前に、あからさまに「反復」を扱った作品が存在している。『皆殺しの天使』(1962年)である。この映画は、まったく理由のわからないまま、ある邸宅の応接室から一歩も出られなくなってしまう富裕な人々の姿を描いている。ナンセンスかつシュールなブラックユーモアに貫かれた不条理滑稽譚であり、いかにもブニュエルらしいブルジョアジーへの辛辣な視線と宗教への侮蔑に満ち満ちた傑作だが、この映画の、特に前半では、どういうわけか、同じ場面や同じ出来事が無意味に繰り返されるのである。

わたしは、人生においても、また自分の作品においても、ものごとの繰り返しに惹かれる気持を、絶えず持っていた。なぜだかわからないし、説明しようとも思わない。『皆殺しの天使』には、繰り返しが少くとも一ダースほど、挙げられる。たとえば、二人の男がたがいに紹介を受け、「はじめまして」といいながら握手するところがある。一瞬ののち、また出くわした二人は、まるで知らない者どうしであるかのように、ふたたび、自己紹介し合う。ついに三度目に至って、二人は永年にわたる友人さながら、きわめて熱のこもった挨拶をかわすのだ。

やはり二回繰り返すが、カメラのアングルは違っている場合として、客たちがホールに入り、その家の主人が執事をよぶところがある。編集が済んだ時、カメラマンの（引用者註：ガブリエル・）フィゲロアは、わたしを脇によんで、いったものだ。

「ルイス、大変なことがあるぞ」

「何だ？」

「うちに入るところのショットが、だぶって編集してある」

二つのショットを自分で撮っておきながら、たとえ一秒たりとも、編集係とわたし自身が、それほどのどえらい誤りを見逃してしまえるなどと、よくも考えられたものだ。

（『映画、わが自由の幻想』矢島翠訳）


私自身、遠い昔に、生まれて初めて『皆殺しの天使』を観た時、冒頭から何のエクスキューズもなく度々起こる「繰り返し」に、おおいに戸惑ったものだ。ほとんど同じショットが2度、連続するところもあった。ずいぶん時間が経ってから、そこをどうしても見直したくてビデオを借りてきたところ、なぜか記憶にあった繰り返しの部分が存在していなかった。これには驚かされたが、先のカメラマンと同じく、どこかの時点で誰かがショットのダブリをミスだと勘違いして、該当箇所をカットしてしまったヴァージョンが存在したのである。現行の映像ソフト等では、ちゃんと「繰り返し」が入っている。

すでにお分かりだと思うが、ゴダールは『さらば、愛の言葉よ』において、明らかに『皆殺しの天使』と同様の無意味な「繰り返し」を多用している。これまで触れてきたものだけでも、1度目の「1：自然」の冒頭で「ガス工場」前の路上にしつらえられた本屋に自転車を押してやってくる女性＝イザベルのショットは2度繰り返されるし、2度目の「1：自然」ではゲデオンが同じ台詞を言うショットがカメラの位置を変えて反復され、テレビモニターのある部屋の最初の横移動のショットも、すぐに途切れて最初から繰り返される。1度目の「2：隠喩」でアメリカへ出航する直前のアランはサルトルの引用の最初の部分を繰り返すし（同様のシーンは他にも幾つかある）、2度目の「2：隠喩」における2度目の視野闘争の直前、マルキュスがイヴィッチの太腿をマッサージするショットもアングルと色調を変えて反復する。ショットのレヴェルにおける繰り返しは、まだ他にもあるだろう（更に言えば、サウンドにおいても同様のことが起きているのだが、この点については「1」で述べる）。もちろん、やたらと何度も到着するフェリーと、そこから降り立つ乗客たちの映像をここに加えてもよいだろう。

興味深いことは、しかしこうした奇妙な反復ショット群が、『皆殺しの天使』における、いわば「繰り返しのための繰り返し」「反復を強調する反復」とは、どこか違っているように思えるということである。ゴダールがブニュエルを意識／参照していることは間違いないない

上・下／『さらば、愛の言葉よ』

が、『さらば、愛の言葉よ』の反復は、単なる「繰り返し」というよりも、むしろ「やり直し」に見えるのだ。ごく普通に開始され、そのまま映り過ぎようとしたショットが、突然中断し、もう一度、はじめからやり直される。だからそれはむしろ「反復」ではなく「再試行」と呼ぶべきかもしれない。だが、かといって1度目のどこがどういけなかったのかが示されることはない。ただリトライされることによって、2度目が試行されることによって、最初に映ったショットは否応無しに「(失敗した)1度目」にされてしまうのだ。

このことは、ショットの次元のみならず、「1：自然」と「2：隠喩」の関係にも、おそらくは当て嵌まる。つまりイヴィッチとマルキュスの物語は、ジョゼットとゲデオンの物語の「再試行」だと考えることが出来る。だがしかし、となれば言うまでもなく問題は、ここでは「2度目」も失敗しているということである。1度目の「1：自然」ではジョゼットとゲデオンの、1度目の「2：隠喩」ではイヴィッチとマルキュスの出会いが、2度目の「1：自然」と2度目の「2：隠喩」では、その後の2人の恋愛関係の変化と、彼女と彼が(おそらく)最初に出会った時と同じく、ジョゼット／イヴィッチの夫が放つ銃声によって、ゲデオン／マルキュスが事切れるという結末(らしきもの)が、それぞれ描かれる。だが、1度目はまだ「1：自然」も「2：隠喩」も、かろうじて時間軸を保っているものの、2度目に入ると、シーンとシーンの前後関係が混乱し、いったい何が起きているのか、ほとんどわからなくなってしまう。

それが最も顕著なのは、ゲデオン／マルキュスが（おそらくジョゼット／イヴィッチの夫に）撃たれるシーンだろう。両パートとも、その出来事は2度目の中盤に唐突に挟み込まれており、しかもそれ以後もゲデオン／マルキュスは、何事もなかったかのように画面に登場する。確かに「2：隠喩」の方が「1：自然」よりも、観客に対してやや親切な画面構成が施されているものの（なにしろ「1」では銃声の後、走り去る車が映るだけなのだ）、物語のまともな把握には程遠いことに変わりはないし、繰り返し／やり直しによって理解が深まるというわけでもない。いずれにせよ、それはやはり失敗しているのだ。失敗した物語の再試行の失敗。失敗した物語の反復としての失敗。

では、この映画は、2度の、2重の失敗によって終わってしまうのだろうか。そうではない。不安定な「2」であり続けることに堪えかねた「2」が、それ以前とはまったく異なるプラス・ワンによって、新たなる「3」を導き出すという、この映画の潜在的な欲望は、作品全体のありようにも向けられる。どういうことか。だが、それを語るためには、映画をもう少し先まで進めておく必要がある。

ピアノの映像がゆっくりとフェードアウトすると、美しい陽光の下、草原を歩む男の子と女の子が映し出される（1度目の「2：隠喩」の最後でサイコロ遊びをしていた二人かもしれない）。この映像は撮影監督ファブリス・アラーニョが、映画とは別に自分の子供たちを撮影していたものだという。そこにイヴィッチの声が重なる。「自分が幼い頃を想像して。雲の形を見てた。どれもが犬の形に見えるの」。マルキュスの声が「青？　それとも白？」と尋ねると、イヴィッチは「一緒だったわ。2人で」と答える。もう一度彼は言う。「子供がほしい」。すると画面は暗転し、彼女は「自信がない。犬なら」と、今度は呟くように答える。

クリフォード・D・シマック『都市』からの引用が再び始まる。「これは犬が語るお話。暖炉が赤々と燃え、北風が吹くと、どこの家庭でも、皆が炉端に集う。子犬たちは黙って座り、耳を傾け、話が終わると、質問し始める。〝人間って、なあに？〟あるいは〝都市って？〟、時には〝戦争って？〟と」。水浸しの枯葉の上でお座りするロクシー。突然、これまで一度も出てこなかった屋外駐車場が映し出され、カメラがゆっくり前進しながら上昇してゆく。クレーンとカメラの影が地面にくっきりと伸びている。自転車に乗った人物が走り過ぎる。バスタブに血のような液体が流れ落ちる意味ありげな画面がインサートされたかと思うと、一転して、中に入れてくれと哀願の鳴き声を上げているロクシー。その姿がスローになり、部屋のシーンに連なる。イヴィッチが全裸で椅子に座っていて、フルーツの皿を両手で持ちながら、こう言う。「私は他の人の、考えを知ることができる。自分以外のは」。画面が変わって、ガウンを羽織って窓際に立ち、おそらくキンシャサで買ったタペストリーを掲げ持っているイヴィッチ。ガウンを脱いで裸になり、言う。「私が、話せるようにして」。彼女の言ったことをマルキュスが繰り返す。「人の考えは分かる。自分以外のは」。そしてイヴィッチがもう一度言う。「私が、話せるようにして（Faites en sorte que je puisse vous parler）」。最後の「parler」が左右のチャンネルからダブって聞こえる。この台詞は2度目の「1：自然」でジョゼットも口にしていた、モーリス・ブランショ『期待 忘却』の引用である。

おそらく朝、イヴィッチとマルキュスが寝ている。彼の方が先に目覚めて彼女を起こす。二人は急いで掛け布団を収納袋に畳み込んでゆく。妙にテキパキしたその様子に、マルセル・プルースト『囚われの女』（『失われた時を求めて』第五篇。1923年）からの引用が、二人の交互のナレーションによって重ねられる。「それにまたそうした平穏は、苦痛が生まれるために必要だし……鎮めるために断続的に戻るからこそ、男は他人にはもちろん自分にさえ……本気で、自分への女の好意を自慢できるのだ。と言っても、要するに男女のそういった関係の中心には、他人に明かされぬ秘められた形で……あるいは質問や調査で不本意にも漏れる形で……苦しい不安が絶えず流れる。だが、その不安も前の平穏がなければ生まれなかった」。朗読の後半から画面は雨の車窓、雨に濡れる草花、夜のハイウェイと、ワンショットごとに切り替わり、ひどく画質の粗い（ゴダール自身が iPhone で撮影したらしい）夜のシーンになる。「彼らは遅刻しない。なぜかな」「一番乗りしたがるのよ」「ドイツのリーマンが……」「またドイツ?」「素数を研究した。彼が見た風景では、それぞれの点が音に変わった」。一瞬置きマルキュスは言う。「ゼロの線は海沿いの線（Une ligne de zéros le long de la mer）」。イヴィッチはマルキュスを見て、穏やかな面持ちで、同じ言葉を繰り返す。「ゼロの線は海沿いの線」。

映画が始まってから、ちょうど一時間。『さらば、愛の言葉よ』の上映時間は六十九分。ならば、この後には何が残っているのか。「2」の後に。「2」の先に。私たちは、ついにようやく「1」へと赴くことになる。

1

1-0-0

マルセル・デュシャンは、その生涯の一時期、或いは生涯を通して、いわゆる「錯視効果」に強い関心を抱いていた。あのあまりにも有名な未完の大作『彼女の独身者たちによって裸にされた花嫁、さえも』通称『大ガラス』（1915年～1923年）が制作されていたのとほぼ同時期、デュシャンは、螺旋形の一部が描かれた大きさの異なる五枚のガラス板をモーターで回転させると静止した同心円に見える『回転ガラス板』（1920年）や、同様にモーター回転すると半円球に描かれた螺旋が奥に向かっていくように見える『回転半球』（1925年）を発表している。この二つの作品には、いずれも「視覚の正確さ」という奇妙な副題が冠されていた。

これらの発展形として、一九三五年に『ロト・レリーフ』が発表される。これは何種類かの円盤に模様が描かれてあり、回転させると立体に見えてくるという作品である。

私は、回転して、視覚上の効果として渦巻をつくり出す小さなものをつくりました。それに私は惹きつけられ、それで楽しみました。はじめは螺旋でつくりました……いや、螺旋ですらなくて、中心がずれたいくつかの円がたがいに他の円のなかに描きこまれていて、全体でひとつの螺旋、幾何学的な意味でではなく、むしろ視覚上の効果としてひとつの螺旋の形になるものです。一九二一年から一九二五年まで、私はそれに没頭していました。
もっと後で、私は同じようなやり方で対象が浮彫りのように見える方法を見つけました。等角投像、つまり下から、あるいは天井からものを見るときのやり方によって、いくつもの同心円のなかで、殻付きの卵とか、金魚鉢のなかをまわっている魚といったような現実の物体と同じような像を形づくるものが得られます。その場合、金魚鉢は三次元に見えるのです。私にとってもっとも興味深かったのは、これが、私が見つけたのとは別な形で利用されていた科学現象だったことです。その頃、眼鏡をつくる人に会ったのですが、その人は私に、「こういうものは、片眼の人に視力を、というか少なくとも第三次元の印象を与え返すために使われる」と言いました。というのは、片眼の人には奥行がない、と考えられているからです。

（『デュシャンは語る』ピエール・カバンヌ（聞き手）／岩佐鉄男、小林康夫訳）

『ロト・レリーフ』の初期のヴァージョンは、デュシャンがマン・レイとマルク・アレグレの協力の下にローズ・セラヴィ名義で制作した映画『アネミック・シネマ』（1926年）に登場する。この映画は、さまざまな模様の入った円盤と、渦巻き状に奇妙な文章の書かれた九枚の円盤が回転する（ことで奥行きの錯覚が生じる）様子を交互に撮影したもので、『ロト・レリーフ』は、そこで考案された円盤の作品化／商品化である。ちなみに「anémic」は「cinéma」のアナグラムである（anémique＝貧血症の、とも掛けられている）。デュシャンは一九三五年にパリで催された発明見本市に自ら出店し、五百セットもの『ロト・レリーフ』を販売しようとしたが、ほとんど売れなかったという。

それはともかくとして、概念芸術の祖とされるデュシャンが、視覚的＝光学的な芸術の可能性にも興味を持ち続けていたこと、その一環として錯視、とりわけ立体視に注目していたことは興味深い。デュシャンはこの頃、二枚の絵によるステレオ立体視の実験も行っている。

映画はその光学的な面がとくに私にはおもしろかった。私がニューヨークでつくったような回転する機械を組立てるかわりに、私は考えたものです。なぜフィルムを回さないのか、と。その方がずっと単純でしょう。でも映画そのものをつくるほどには、私はそのことに興味を持ちませんでした。それは私が得た光学的な効果に到達する、より実際的な方法だったのです。「あなたは映画をつくったじゃないか」と言う人には、私はこう答えます、「いや、私は映画はつくらない、あれは私が望んでいたものへ達するための——とく

に今ではそれがよくわかりますが――便利な手段だったのだ」と。　（同前）

なぜ、ここで唐突にマルセル・デュシャンの名が持ち出されるのか、その第一の理由は明白だろう。『さらば、愛の言葉よ』において、デュシャンの最も知られた絵画作品である『階段を下りる裸体』（「№1」が1911年、「№2」が1912年）が「引用」されているからである。それは2度目の「1：自然」に出てくる。全裸でアパルトマンの階段を下りて来るジョゼット（「2：隠喩」のイヴィッチも同様の場面を撮影したようだが本編では使われなかった）。

だがしかし、この映画の他の多くの場合と同じく、これは2度目の「引用」である。すでにジガ・ヴェルトフ集団時代の作品『ブリティッシュ・サウンズ』（1970年）において、階段を下りる、より精確には、せわしなく上り下りする裸体が撮影されていた。従って『さらば、愛の言葉よ』の件の場面は、デュシャンの「引用」であると同時に、デュシャンの「引用」の「引用」でもあり、ゴダールによるゴダール自身の「引用」でもあることになる。引用の反復。引用の2乗。だが、これを単なるペダントリーとして片付けてはならない。ゴダールが『さらば、愛の言葉よ』でデュシャンを再度召喚してみせた理由を、もう少し考えてみる必要がある。

デュシャンが「映画」以上に興味を抱いていたもの、すなわち「私が望んでいたもの」とは、『回転ガラス板』と『回転半球』の副題に選ばれていた「視覚の正確さ」であったのだと思われる。錯視＝立体視とは、いわば視覚が正しく誤作動することによって生じるものであるからだ。デュシャンは『階段を下りる裸体』について「実際、運動というのは、タブローにそれを合体させる観客の眼のことなのです」と述べている。周知のようにデュシャンがこの作品を発想したのは、エティエンヌ＝ジュール・マレーの高速度写真を見たことがきっかけだった（マレーが発明した「写真銃」は「映画カメラ」のひとつの祖である）。デュシャンは、マレーの「さまざまな運動を瞬間ごとに画定していくシステムによって示す方法」を、一枚のタブローに重ね描きしようとした。

　静止したものの内に運動を描き込むこと。それはデュシャンにとって、二次元に三次元を呼び入れること、そして更には三次元に四次元を呼び入れることとパラレルな試みとしてあった。「三次元の物体によって影をつくることができることはわかっていましたから、――それはどんな物体でも、太陽が地面の上につくる射影のように、二次元になります――、単純に知的な類推によって、私は四次元は三次元のオブジェに射影されるだろうと考えました。別な言い方をすれば、われわれが何気なく見ている三次元のオブジェは、すべて、われわれが知ることのできない四次元のあるものの投影なのです」。

デュシャンのこの言葉は、『さらば、愛の言葉よ』の撮影監督ファブリス・アラーニョの、前に引用した次の発言と、遥かに響き合っていないだろうか。「夜に撮ったショットで、上方に伸びる小道に俳優たちの影が差しているだけなのですが、もしこのショットが2Dで撮られていたとしても、確かに影は見えるでしょう。でも3Dだと、それ以上の何かになる。3Dの空間だと、道が遠近法で奥に伸びてゆき、2Dで映る影が見えます。なので3Dでは、2Dと「シネマ」が同時に見えるわけです」。あたかも四次元とは「シネマ」のことのようではないか？

マルセル・デュシャンは、こんなことも言っている。

私にとって、三という数は重要なものです。でもそれは秘教的な観点からというのでは全然なく、単に記数法の上でのことですが。一、それは単位です。二は二倍、二元性。そして三は、残り全部です。三という言葉に近づいていけば、三百万だって手にすることができます。それは三と同じものです。（同前）

「私は自分が望むものを手にいれるために、三回繰り返すことに決めました」と、デュシャンはいささか秘教的に続けている。1、2、そして「残り全部」である3。こうしてみると、デュシャンが「3D映画」に向かわなかったことが、むしろ不思議に思えてくる。彼はステレオ立体視の実験さえ行っていたのだし（『アネミック・シネマ』が撮られた時には、既に史上初の3D映画とされる『The Power of Love』は存在していた）。

だが、デュシャンは「3D映画」とはまったく違う形で、「3」にかかわる長年の思考＝試行に、或る決着を付けていたのだと私には思われる。それは他でもない、あのあまりにも有名な通称『遺作』すなわち『（1）落下する水、（2）照明用ガス、が与えられたとせよ』（1946年～1966年）によって、である。周知のごとく、この作品は、フィラデルフィア美術館にデュシャンの生前に極秘で寄贈され、没後（デュシャンは一九六八年十月二日に亡くなっている）に公開することが遺言で指示された。それは一見すると、特に何の変哲もない古びた木製の扉である。しかし、木板に打たれた鋲の抜けた穴から中を覗くと、そこには超現実的な光景が広がっている。

デュシャンの遺言では内部の写真の公開が禁じられていたのだが、今ではネットを検索すれば幾らでも画像が出て来てしまう。草叢に全裸の女性が横たわっている。頭部は見切れていて見えない。彼女は何故か手にガスランプを掲げている。彼女の軀はまるで石膏像のようにつるつるで、無毛の陰部がこちらに向けて晒け出されている（このポーズはデュシャンの旧作『照明用ガスと落下する水があたえられたなら』〈1948年～1949年〉と酷似している）。その向こうには鬱蒼とした森と滝があり、青空が見える。

特異な公開の仕方のみならず、作品自体もおそろしく謎めいたこの『遺作』は、当然のことながら無数の解釈を生んできた。むろん私は、ここでデュシャンの遺志を云々しようというのではない。私たちにとって、この作品が重要である理由は二つある。第一に、木の扉の内部のイメージが、平面ではなく立体であるということ。第二に、中を覗く穴が2つ開けられているということである。

扉の向こうには何もない空間があり、その先にもうひとつ壁がある。壁には破れ目がある。その更に向こう側に裸婦が横たわるジオラマが設置されている。木の扉の穴は、左右2つ穿たれている。覗き穴とは、一般的に言って、ひとつではないだろうか。片眼だけでも中は見えるのだから。だがデュシャンは『遺作』に左右2つの穴を開けた。それはもちろん左右の瞳に対応しているのだ。

ここで先のデュシャンの「片眼の人には奥行がない、と考えられている」という発言を思い出そう。立体視は両眼視によって為される。穴がひとつ＝片眼では、それは普通は起こらない。だがデュシャンの「視覚の正確さ」連作は、片眼の人に「第三次元の印象を与え返す」作用を持っていた。では、なぜ『遺作』には2つの穴が開けられているのか。もちろんそれは、内部のイメージが平面ではなく立体であり、しかし／そして、それが動いてはいない、からである。裸婦と彼女を取り巻く光景は静止しているので、「視覚の正確さ」を使って両眼視とは別の仕組で奥行きの感覚を生じさせることは出来ない。つまり穴がひとつ＝片眼だと、立体であっても立体に見えない可能性があるのだ。

これがおそらくデュシャンが自分の最後の作品に左右2つの覗き穴を穿った、少なくともひとつの理由である。もしも内部に置かれているのが絵画であったなら、両眼で覗くと平面であることがすぐにわかってしまうので、逆に穴はひとつだけ、すなわち片眼で見るようにされていたかもしれない。

このことから言えるのは、デュシャンの長年の興味のあり方からして、そうであってもおかしくはなかったにもかかわらず、『遺作』には「錯視」という要素が入っていないということである。デュシャンがこの作品に込めたのは、ごく簡単に言っておけば「秘密と謎」「隠蔽と開示」「遮られたイメージ」などといった主題であり、木の扉の向こうに秘匿された光景は、三次元であるかのように見える二次元でもなければ、三次元の内に四次元を導入しようとする企みでもなく、要するに三次元を三次元として（だが、こっそりと、ひとりきりで）見るための装置に過ぎなかった。そのために覗き穴は2つ開けられていたのだ。

だが、ここで想像してみよう。もしも『遺作』の左右2つの覗き穴が、それぞれ別のイメージに通じていたとしたら？　もうお分かりだと思うが、それは『さらば、愛の言葉よ』の、あの「視野闘争」の場面の、動かないヴァージョンである。しかし、もちろんデュシャンはそうはしなかった。彼がやりたかったのは別のことだったからである。『遺作』は一度に一組の両眼で見られる現実の立体、「3D映画」は通常、複数組の両眼で見られる仮象の立体(実際は平面=画面)である。3Dは両眼の間の距離=視差《パララックス》に基づく錯視効果に依っている。あくまでも左右の瞳がワンセットであり、片方だけでは立体視は生じ得ない。

ところがゴダールは左右のイメージを分裂させ、過激な視野闘争を2度にわたって惹き起こしてみせた。その結果、パララックスは三次元性を生じさせることなく、何かもっと奇怪な視覚体験を観客に強いてきた。しかし、あの名状し難い異様な感覚は、片眼をそれぞれ瞑ってみれば、たちどころに解消してしまう。それは結局のところ、ひとつの瞳にひとつずつ別のイメージが配されているだけなのだから。

つまり立体視と同じく、視野闘争もまた、左右両眼視を前提としている。片眼だけでは視野闘争は起こらない。だからやはり問題は、人間の瞳が基本的に左右2つあり、私たちは普段、それらを両方使って世界を見ている、ということなのだ。なぜ2つなのか。なぜひとつではいけないのか。この問いはすぐさま次のように変形される。瞳が2つあるのなら、なぜそれぞれに別の2つの映像が映っていてはいけないのか。この問いはすぐさま次のように数式化される。なぜ1×1=1なのか。なぜ1+1=2ではいけないのか? この問いの答えは最初から出ている。なぜならば、2つの目の向こう側にあるのが同じひとつの世界である（ことになっている）から。2つの目が見つめているのは同じひとつのスクリーン＝画面であるから。そして、この2つの答えを違えているのは、前者の「世界」は三次元＝立体であり、後者の「画面」は二次元＝平面であるということである。

『さらば、愛の言葉よ』のブルーレイ版に特典映像として附されたインタビューで、ゴダールは、3Dに興味を持った理由は、それがつまらないからだ、とあっけらかんと語っている。「3Dは実につまらない。平らな画面なのに、平らでないように見せるなんてバカげてる」（傍点引用者）。彼はこう続ける。技術が生まれた当初はルールはないが、いずれは多くのルールができる。ルールばかりになると自分は興味を失う。3Dでも2Dでも、見えるものは結局、同じものだ。遠近法が発明されて以来、絵画は実際には存在しない奥行きの仮構をめぐって変化してきた。ピカソ達が遠近法を放棄して、絵の見え方は更に変化を遂げた。3Dもそれと同じで、単に立体の感覚を生み出す仕掛けに過ぎない。だが人間はそもそも、何かに触れることによってそれが現実だと信じる。触れられなければ信じない。だから3Dの技術者たちは、不自然なことをしているのだ。従って私にとって3Dは的外れでしかない。ゴダールはこう語る。彼はまた、3Dに二台のカメラは必要ないとも言う。なぜなら「人間は片方の目だけでも3Dで見れる」のだから。もちろん本人の視力にもよるのだが。この発言はデュシャンを思い出させる。それゆえカメラを二台並べることは、ただのトリックに過ぎない（もちろん実際にはゴダールも二台のカメラを使っているのだが）。

ここで私は、以前にその存在にのみ軽く触れておいた『さらば、愛の言葉よ』における「奇妙といえば奇妙」な画面について、一つの推論を述べることにしたい。それはまず最初に、映画が始まってから十分足らずの時点、マリーとアランが「恐怖政治」について語り合った後、ツール・ド・フランスのショットの次に現れる。黒みの中心に小さな白丸がある、ただそれだけの画面。これと同様のショットは、確認出来た限りでは（白丸の大きさが少しずつ異なるが）その後も二度、つまり計三度、この映画に挿入されている。あれは一体、何なのか。

『さらば、愛の言葉よ』には少なからぬ黒画面が存在しているのだが、あれはただの黒みとは違う。黒の真ん中にある小さな白い丸。それは、丸ではなくて穴なのだ。そう、あれは覗き穴なのだ、というのが私の解釈である。あれらの画面はマルセル・デュシャンへの、あからさまな『階段を下りる裸体』とはまた別の、もうひとつの参照なのである。

もちろん、それはただ黒画面に白い丸が置かれてあるに過ぎない。だが、それは確かに、その向こう側から光が漏れ出ている穴にも見える。そして、それはひとつである。そこがデュシャンの『遺作』とは違っている。だが、2つではなくひとつの穴＝目であることこそが

『さらば、愛の言葉よ』という例外的な「3D映画」の核心なのだ。あの穴から向こう側を覗き見ようとしたら、一度にひとつの目＝片眼ずつしか使えない。これは『遺作』への婉曲的な言及であり、と共に「3D映画」への根本的な批判にもなっている。このことは、3Dで見ても、この画面がほぼ何の立体的効果も帯びていない、という点からも確かめられるだろう。

大方の観客が気にも止めないと思われる、わずかな瞬きの間に見過ごしてしまいかねない、あの黒地に白丸のインサート・ショットは、ある意味で、ジャン＝リュック・ゴダールが、この映画で何をしているのかを端的に示すものである。これはもちろん『さらば、愛の言葉よ』にかんしてのみ言えることではなく、ゴダールのフィルモグラフィ全てに妥当することなのだが、単なる美麗な風景描写に思えるショットであれ、黒画面であれ、ゴダール映画に意味作用や機能を欠いた映像は一切ない。私の推理が正しいのかどうかはともかくとして、あのショットにも必ず何らかの存在理由がある筈である。それはこの映画を最初に観た時から確信していた。

ところでもう一種類、やはり何度も挟み込まれるショットで、初見の際、これはいったい何なのかとリアルタイムで考え込まざるを得なかった不思議な画面があるのだが（「覗き穴ショット」とは違って、こちらは多くの観客が訝しんだに違いない）、それについては後で述べることにしたい。

1-0-1

雪の降る中、桟橋に佇むロクシー。何かを見つけたかのように土を掘り返しているロクシー。そこに女の声で英語の朗読が入ってくる。「昼の光さえ憎く思うほど惨めにしてやる(Miserable but I can make you so wretched that the light of day will be hateful to you)」。男の声が「フランケンシュタイン誕生かな」と呟く。これはメアリー・シェリーの『フランケンシュタイン』の原文からの引用である。日本語字幕には反映されていないが、女の声はこう続けられる。「You are my creator, but I am your master」。そして「従え!(Obey!)」と叫ぶ。声は「Miserable」から始まるのだが、原文ではその前に「you believe yourself」が付いている(『フランケンシュタイン』第20章)。「お前は自分を惨めだと思っているようだが……」ということだ。

場面は変わっており、路上に座って行き交う人々をきょろきょろと見渡しているロクシー。女の声がフランス語で「ええ、ありうるわ」と言う。水嵩の増した波打つ湖。突然、ヘリコプターの映像となり、それは落下して炎を上げて大破する。いかにもどこかから抜いてきたと思しき機銃掃射の音。言うまでもなく、この一連のショットは、2度目の「1：自然」の終わりの反復である。そこでもロクシーが荒れ狂う桟橋に居るショットに重ねて、ジョゼットの声が「うちで『フランケンシュタイン』を」と言っていた。その直後、ヘリコプターが墜落する。だが、今度はその後が違っている。

そこで、この映画はいきなり、メアリー・シェリーの時代へとタイムスリップ（?）する。明るい緑の中、メアリーがベンチに腰掛けて何かを書いている。その近くをうろついていた男、彼女の夫パーシー・シェリーが、インク壺を差し出す。メアリーは執筆を続ける。こんな説明が聞こえてくる。「1816年、イギリスを追われたバイロン卿とシェリーはジュネーヴ湖畔で隠遁。妻のメアリー・シェリーは恐怖小説の執筆を始めた」。妙に芝居がかっている嗄れ声は、明らかにジャン＝リュック・ゴダール自身のものである。

メアリーは今しがた書き終えたらしき手書きの書物を捲っていき、真白な頁に辿り着くと、署名をする。再び英語のナレーション。「私は、もう迷いはしない。貴様の力を見せてみろ。邪悪なことをやれと私を脅せば脅すほど、貴様を助ける仲間など、創るものかとの決意が固くなるんだ。まともな心でできるわけがない。悪魔を地上に解き放つことになるのだ。死と悲惨を喜ぶような悪魔を！」。キシキシとペンの音がしている。パーシーがメアリーを手招きする。傍らに控えた男が「立ち上がれ、神の子たちよ！」と雄叫びを上げる。パーシーが、

上・下／『さらば、愛の言葉よ』

やはり英語で呟く。「革命が近いとか。専制政治のチャンスだ。ドイツの兵隊。収容所。混乱。激動。富くじ。激怒。妄想」。全員を乗せた小舟が、ゆっくりと湖へと出てゆく。男の声（フランス語）。「悲惨な話ではない。嘲笑でもない。詳述しようと、彼らの悲壮な愛は語れない」。黒地に白文字の字幕「mémoire historique（歴史の記憶）」の上に赤い３Ｄの文字が浮かぶ。途中で一部の文字が変わって「malheur historique（歴史的な不運）」になる。

誰もが不意を突かれたに違いない、この『フランケンシュタイン』誕生エピソードの挿入は、ゴダールのナレーションにもあったように、約二百年前に、駆け落ちであったメアリーとパーシー・シェリーが、バイロン卿の手引きでスイスのジュネーヴ湖畔（フランス語ではレマン湖だが、ゴダールはスイス人のプライドを込めて「ジュネーヴの湖」と呼んでいる）に滞在していた際に、メアリーが戯れにのちに恐怖小説の古典となる作品を書き出した、という文学史的な事実に因っている。とすると叫ぶ男はバイロンなのだろう。周知のようにゴダールは、ある時期以後、自宅から程近い「ジュネーヴの湖」のごく限られた地域を繰り返し自身の映画の舞台に選んできた。ロクシーが散歩しているのも、もちろんジュネーヴ湖畔である。それゆえタイムスリップも故無きことではないのだが、おそらくそれだけではない。

まずメアリーとパーシー・シェリーが、最初は不倫＝三角関係であったことが挙げられる。このカップルは、『さらば、愛の言葉よ』の基本設定と繋がっているのだ（もっとも伴侶があったのはパーシーの方なのだが)。より重大な史実もある。のちにメアリーとパーシーは正式に夫婦となったのだが、『フランケンシュタイン』刊行後の一八二二年、パーシーがイタリア沖を航海中に嵐に遭遇し、船が沈没して溺死しているのである。『さらば、愛の言葉よ』には船のショットが繰り返し登場する。また、ゲデオン/マルキュスがジョゼット/イヴィッチの夫に撃たれて(?)噴水に倒れ臥していたことも忘れてはならない(「1:自然」では血に塗れた噴水の無人ショットのみだが)。これらのことだけでなく、どういうわけか『さらば、愛の言葉よ』には「泳ぐ人」「溺れ(そうになっ)ている人」のイメージが幾つも引用されていることも付け加えておくべきだろう。

だがしかし、『フランケンシュタイン』が召喚されているのは、シェリー夫妻の伝記的事実との関連だけが理由ではない。私の考えでは、ここにはもっと本質的な意味がある。そもそも『フランケンシュタイン』とはどんな物語だったか。科学者のヴィクター・フランケンシュタインは死体を組み合わせて人造人間を創造するが、自らの被造物のあまりの醜さにおののいて置き去りにしてしまう。残された怪物は孤独に苦しみ、人間的な愛情を渇望するが、その容貌ゆえにそれが与えられることはない。幾つかの出来事を経て、やがて成長した怪物はフランケンシュタインのもとに復讐にやってくる。先の引用は、そこで怪物とフランケンシュタインが交わす対話である(「従え!」までが怪物の、後半がフランケンシュタインの台詞)。

両者の不幸な関係は、他のさまざまな「創造主と被造物」に置き換えてみることが出来る。たとえば「怪物」を、3Dという技術、そして「3D映画」のことだと考えてみると、先のやりとりはまったく違った様相を帯びてくるのではないか。怪物はフランケンシュタインに言う。「お前は俺の創造主だが、俺がお前の主人だ、従え!」。これに対してフランケンシュタインはこう返答する。「邪悪なことをやれと私を脅せば脅すほど、貴様を助ける仲間など、創るものかとの決意が固くなるんだ」。これはまるで「3D映画」へのジャン=リュック・ゴダールの返答のようではないか。「まともな心でできるわけがない。悪魔を地上に解き放つことになるのだ」。だがゴダールは、実際にはこうして『さらば、愛の言葉よ』という紛れもない3D映画を撮っているのである。

あるいは「怪物」とは、他ならぬこの『さらば、愛の言葉よ』なのだと考えることも可能かもしれない。いずれにせよ、このような置換によって浮き上がってくるのは、ゴダールの「3D映画」に対するアイロニカルな姿勢である。前節で引いたインタビューで、ゴダールは3Dをつまらなくて、不自然で、的外れだと語っていた。明らかに彼は「3D映画」を、誤った技術=テクノロジーが生み出した一種の怪物だと考えている。だが、メアリー・シェリーがそうであったように、ゴダールはそんな「怪物」への憐憫と共感も確かに持ち合わせている。その結果が『さらば、愛の言葉よ』という作品なのである。

また突然場面が変わって、誰かがインク壺にペンを浸している。女の声が流れる。「ベッドなのね、教授。眠ってる。でも、私たちの夢は見ない」。これはジャン・コクトーが監督した『オルフェの遺言』（1960年）の音声の抜粋である。すると男女の会話が聞こえる。女が「知らない？」と尋ねると男が「ああ、知らない」と答える。女は「信じない」と言う。顔は一切映らないが、女は監督作品もある映画批評家フロランス・コロンバーニ、男はジャン゠リュック・ゴダールその人である。コロンバーニはノートにペンで走り書きをしている。ゴダールはパレットに数色の絵の具を並べて水彩画らしきものを描いている。二人はテーブルに向い合っている。

この次のショットは、この映画の中でも際立って重要なものである。コロンバーニが「下まで描くわ。もっと下まで」と言うと、ゴダールが「下から描くのが、いいと思う」と応じる。この会話の間、カメラはコロンバーニの右斜め後方からテーブル上を捉えながらズームアップしつつ左回りに旋回して45度まで傾き、そしてズームダウンしながら元の位置に戻る。

ゴダールはこの場面について、インタビューでこう語っている。

私がこれをしたのは、一方にインク壺とインク——黒と下塗りだ——を持っている人物がいて、もう一方に絵の具箱を持っている人物がいる、と、そう想像してもらいたいからなんだ。あるいは、一方にテクストがあり、もう一方にイメージがある、と。ここに私たち二人がいるとして、私は絵の具箱を取るから、あなたにはインク壺を委ねよう、ということだ。

（「シネマ、それは現実を忘れること」フィリップ・ダジェン＋フランク・ヌーシ（聞き手）／吉田広明訳／「ユリイカ」2015年1月号）

この場面には、この『さらば、愛の言葉よ』という映画の、というよりも「ゴダールの映画」の幾つもの主題が、重層的に畳み込まれている。ここでゴダールの声が分裂する。右のチャンネルで「キリロフの言葉だ。大きな問題と小さな問題がある……」と語り出されると、一瞬遅れて左チャンネルで「セリーヌが、難しいのは、単調な部分に深みを与えることだと……」と語る声が聞こえる。右チャンネルでゴダールが「（小さいのは）苦痛だ」と言うと、コロンバーニが「大きいのは？」と問い返す。ゴダールの返事は「来世（L'autre monde)」。彼は繰り返す。「L'autre monde」。

「大きな問題と小さな問題がある」から始まるくだりは、ドストエフスキー『悪霊』第一部第三章のキリーロフ（字幕ではキリロフ）の言葉から採られている。キリーロフは「なぜ人間があえて自殺しようとしないのか」は「二つの偏見」が原因だと言う。「二つきりです。一つはたいへん小さなことで、もう一つはたいへん大きなことです。でも、その小さなことも、やはり大きなことにはちがいない」（江川卓訳）。そして「小さなこと」は「痛いこと（苦痛）」、「大きいほう」は「あの世（来世）」だとキリーロフは続ける。ゴダールとコロンバーニのやりとりはドストエフスキーの小説の記述を、ほぼそのままなぞっている。ただ、これが「自殺」にかんする話であることはカットされているのだ。

だがしかし、この映画の他の多くの場合と同じく、これはゴダールにとって2度目の「引用」である。すでに『アワーミュージック』において、キリーロフの言葉はより直截的な形で引用されていた。サラエヴォを舞台とする「王国2 煉獄」に登場する女子学生オルガ（ナード・デュー）は、同地にやってきたゴダールの通訳を務める叔父のラモス・ガルシア（ロニー・クラメール）と、カフェで会話を交わす。その前のシーンで彼女は「2-2-1」で触れた「切り返し」をめぐるゴダールのレクチャーを熱心に聞いていた。オルガはラモスに「自殺こそ唯一の哲学的命題」だと語る。そして「大小二つの問題がある。でも比重は同じ」と言う。「小さい方は、苦しまずに」。大きな方をラモスが問う。「来世」。彼女は「L'autre monde」と3度繰り返す、ラモスはわざとらしく、よく聞こえないと耳に手を当てる。3度目の「あの世よ！」は叫びになっている。オルガは続ける。「神の裁きはどうでもいい。自分だけが裁ける。生にも死にも無関心でこそ完全な自由になれる。それが目標よ」。ラモスが「奇妙な目標だ」と言う。「では、生きたくないというのかね」。「そうね」と答えてオルガは言う。「神をなくすことはできる。だが、なくした者はいない」。この台詞もキリーロフの言葉を踏まえている。

そしてこのパートの最後で、サラエヴォ滞在から三週間後、スイスの自宅に戻っているゴダールは、ラモスからの電話で、テレビのニュースでロシア出身のユダヤ系フランス人女性が人質を取ってエルサレムの映画館に立てこもった事件が報道されていたと告げられる。「あれは絶対オルガです」とラモスは言う。彼女は「イスラエルの人が平和のために一緒に死んでくれればうれしい」と言って、赤いバッグから本を取り出そうとした瞬間、自爆テロと間違われて狙撃兵に射殺された。そうラモスは語る。ここで「王国2 煉獄」は終わり、『アワーミュージック』全体のエピローグでもある、ごく短い「王国3 天国」が始まる。オルガが森の中をひとり歩いている。何故かあちこちにアメリカの兵士たちが佇んでいる。牧歌的で、どこか超自然的でもある風景。これが「天国＝L'autre monde」なのだろうか。言うまでもないことかもしれないが、オルガが散策しているのは『さらば、愛の言葉よ』でロクシーがうろついているのと同じ場所である。

テーブルのシーンで左チャンネルから聞こえてくるセリーヌへの言及にかんしては、『さ

上・下／『アワーミュージック』

らば、愛の言葉よ』ブルーレイ版のゴダールのインタビューでも語られている。「難しいのは、単調な部分に深みを与えることだ。３Dの技術者は逆のことをしようと必死だ」。「単調な部分」と訳されているのは「le plan（平面）」、「深み」は「la profondeur（奥行き）」である。つまり「平面」に「奥行き」を、すなわち「二次元」に「三次元」を与えることは困難だ、ということである。ならばその「逆のこと」は「三次元」に「二次元」を与えることになるだろう。ゴダールはそのような「３D映画」のあり方に徹底的に抗ってきた。それは見てきた通りである。ゴダールは「平らな画面なのに、平らでないように見せるなんてバカげてる」と言っていた。では、平面であることを断じて誤魔化さず、尚かつそこに奥行きを齎そうとすることは、果たして可能なのだろうか。

だが、まず別のことから語ろう。同じインタビューの中で、ゴダールは「人に（自分が）傍観者と感じさせる方法」について述べている。「音を使えば可能だ。音を左右ではなく片方のスピーカーから流す。人はそれを聞くと、中心ではなく横にいる気分になる」。そう、これまで述べてきた『さらば、愛の言葉よ』の特異性は、映像のみならず音響にかんしても、ほとんど同じことが言える。実際、テーブルのシーンで起こる左右のチャンネルでの声の同時進行は、あの「視野闘争」で起きていたことのサウンドにおける実践、いわば「聴野闘争」とでも呼ぶべきことである。だが、そこで私たち観客は「視野闘争」ほどの異常な感覚を抱くことはない。ここには目と耳の違いが存在している。

ドストエフスキーとセリーヌのステレオ引用はわかりやすい例だが、『さらば、愛の言葉よ』では左右のチャンネルに別々の音／声が配されていたり、ひと続きの音／声が左右を移動したりすることが頻繁に起こる。そもそも映画のオープニング・クレジットで流れるイタリア語の民謡「La caccia alle streghe」からして、暫くすると不意に中断され、一瞬置いてまたすぐに再生されるのだが、その間に音像が左チャンネルに移動し、位相も変わっている。もちろんこうした音響的な実験性は、ゴダールの映画が最初期から持っていた特徴であり、とりわけ八〇年代に異能の録音技師フランソワ・ミュジーを得て以降、めざましい進化を遂げてきた。だが前にも述べておいたように、前作『ゴダール・ソシアリスム』までは参加していたミュジーは『さらば、愛の言葉よ』にはクレジットされていない（撮影監督ファブリス・アラーニョが録音も兼ねている）。しかしミュジーとの長年の共同作業で培われたサウンド・ミックスの独創性は、今回も遺憾なく発揮されている。だが、その独創性は、あくまでも「単調な部分に深みを与えること」にある。

『さらば、愛の言葉よ』劇場パンフレットのインタビューで、ファブリス・アラーニョは次のように語っている。

編集については、その日の撮影分を、タイムコードをつけてDVDに焼きました。それをジャン＝リュックが編集するのです。彼はコンピュータを使わないし、しかも35ミリは今やもうありませんから、アナログ、リニアで、DVCAMのテープデッキ、録画再生機を使ってビデオ編集するのです。彼は本当に素晴らしい編集者です。シンプルでリニアなイメージカットと、たった二つのオーディオトラックだけでこんなにも創造性を発揮できる。

「たった二つのオーディオトラック」は、左右のチャンネルに対応している。平倉圭は論考「『さらば言語よ』についての4つのノート」（『ユリイカ』2015年1月号）で、彼の言うところの「5・1chゴダール」の最新の達成である『さらば、愛の言葉よ』の音響を詳しく分析している。だが平倉によれば「5・1ch」をフルに使った表現は、この映画でも極めて限定的であり、基本的には左右二つのアウトプットの範疇でサウンドのミックスが施されているという。そもそも「たった二つのオーディオトラック」は、フランソワ・ミュジーの実質的な初参加作品であった短編『フレディ・ビュアシュへの手紙』（1981年）に始まり、『ワン・プラス・ワン』のローリング・ストーンズさながらにフランスのポップ・デュオ、リタ・ミツコをフィーチャーした『右側に気をつけろ』（1987年）でひとつの完成を見た、ゴダール＝ミュジーの基本的な音響スタイルである。たとえ「5・1ch」になっても、ゴダールのサウンド・ミックスはステレオを基本としている。

オーディオ用語で言う「ステレオ」は「ステレオフォニック」の略であり、左右二つのスピーカーから音を再生することを意味する。スピーカーがひとつなら「モノフォニック」。「ステレオ」は語源的には「固い（もの）」である。つまり音源が二つ以上あってはじめて、音を固体＝具体物のように、すなわち立体的（3D）に聴取することが出来る。2が3を生み出すのだ。

『ゴダール・ソシアリスム』の「第三楽章「われら人類」」の「パレスチナ」のパートに、この点にかんして示唆的な箇所がある。右チャンネルから男の声が「ニューヨークでの二回目の講義で、（ロマン・）ヤーコブソンは1942―43年の冬、音と意味は分離できぬと説いた。〝音素〟がカギだ」と語ると、その終わりがけに左チャンネルから女の声が重なってくる。「2声の曲が成立するのは、不協和音に1つの共通音がある場合だ」。これはロシア五人組のひとりである作曲家ニコライ・リムスキー＝コルサコフの言葉である（ちなみに彼は、音に色を感じる共感覚を持っていたという）。二種類の参照／引用と、その掛け合わせの含蓄もさることながら、ある意味ではそれ以上に、二つの音声がオーバーラップ＝ステレオ・ミックスされていることが重要である。そこでは、語られている複層的な内容が、語っている声＝音の複層性によって同時に遂行、証明されている。音と意味はけっして切り離すことは出来ず、不協和音にひとつの音が共通していれば、二つの声による音楽は成立する。

繰り返しておくが、これまで私が『さらば、愛の言葉よ』の映像について述べてきたことは、音響にもほぼそのまま妥当する。たとえば「反復＝再試行」も、先に触れた冒頭のみならず、この映画のサウンドではたびたび起こる。それらをひとつひとつ挙げて分析することはしないが、しかし重要なことは、むしろ順序としては逆なのだということである。すなわちゴダールは、この作品に限らず、少なくともある時期以降、まず音響についてやってみたさまざまな試行を、次いで映像にも適用していくのだ。ソンが先を歩み、その後に遅れてイマージュが続くのが、ソニマージュなのである。このようなプロセスは、ゴダールがジガ・ヴェルトフ集団を経て商業映画に復帰した『勝手に逃げろ／人生』（１９８０年）から始まったと言える。あの映画のクレジットには「Un film composé par Jean-Luc Godard」とあった。「映画」を「composé＝作曲」するのだという宣言。そして、その次の『フレディ・ビュアシュへの手紙』で、ゴダールはフランソワ・ミュジーと出会うことになる。

従って「視野闘争」も、それ以前からゴダールが旺盛かつ果敢に行ってきた「聴野闘争」の、３Ｄ技術による視覚面への応用だと考えることが出来る。いや、それだけではなく、『さらば、愛の言葉よ』における３Ｄの例外的な使用法のほとんどすべては、音の次元でゴ

上／『勝手に逃げろ／人生』・下／『フレディ・ビュアシュへの手紙』

ダールがやってきた試行の映像の次元への転用なのだ。ゴダールはこう考えたのではないか。自分はこれまでずっと「たった二つのオーディオトラック」でサウンドを創ってきた。3Dは左右のレンズに異なるイメージを映写する。ならばこの「たった二つのヴィジュアルトラック」を利用しない手はない、と。

しかし繰り返すが、耳と目にはもちろん違いがある。ヘッドホンで左右の音を完全に分離したとしよう。右耳と左耳から別々の台詞が聴こえてきたとしても、限度はあるが「視野闘争」ほどの混乱は生じまい。別々の音楽が聴こえてきたならば、異なるメロディが左右の耳から同時に聴こえていると認識するだけだろうし、もしも「不協和音に1つの共通音」があれば、それらを併せてひとつの音楽だと考えられるかもしれない。だが同じことを両眼に対して行なうと、かくも異常な結果になってしまう。何故、この違いが生じるのか。人間＝ヒトの身体と認知の仕組みがそうなのだと言われればそれまでだが、考えてみればおかしなことではないだろうか。

そして、ここで重要なことは、ヘッドホン等で遮蔽／分離しなかったとしても、左右の耳から入力されてくる音は、ある程度までは同時かつ別々に聴くことが出来るが、目の場合は、3Dのゴーグルでも装着しない限り、同様の受容をすることが絶対に不可能であるという事実である。だから、やはり『さらば、愛の言葉よ』の「視野闘争」は特権的な体験なのだ。

私たちは生まれて初めて、そしておそらく人類史上初めて、あのような光景を見たのだ。

こうして私たちは、ふたたびあの問いへと戻ってくる。スピーカーが左右二つある理由は、むろん人間の耳が左右二つあるからである。人間の目も左右二つある。ではなぜ、スクリーン＝画面はひとつきりなのか。なぜ二つであってはいけないのか。この馬鹿馬鹿しい問いへの答えはつい今しがた述べた。なぜなら、われわれ人間＝ヒトには、左右に並べられた二つの映像／世界を、二つ別々に、しかも同時に見ることは不可能であるからだ（『パート2』の二台のテレビモニター、あの「並列的なモンタージュ」のことを思い出そう）。それが可能になるのは、右目と左目を人為的に分離した場合のみである。だが、そうしたとしても、そのような従来の意味とはまるで異なった「二重の映像」を、ヒトの頭脳は音のようには処理出来ない。それは、あの「視野闘争」の場面がもっと過激になり、完全に別々の画面が左右に映写されたなら、一体どうなるかを想像してみればよい。ゴダールは、あれでも遠慮してくれていたのだ。

それゆえにこそ、映画のスクリーンはひとつなのだ。当たり前のことかもしれない。だがジャン＝リュック・ゴダールは、左右のスピーカーから流れ出すステレオ・サウンドには可能な事どもを、なんとかしてたったひとつのスクリーン上でも可能にするべく、数々の試みを行なってきたのである。そしてもう一点、ひとつであることの他に、スクリーンには物理的な条件がある。「3-2」の終わりでも述べておいたように、それが横長の矩形の平面だということである。そしてそれは多くの場合、観客の視線に対して垂直に立てられている。「3D映画」とは、この「平面性」からの（偽の）逸脱である。それは「平面」に「立体」を擬装させるテクノロジーである。だとすればゴダールは、この点にかんしてもやはり、「3D映画」とはまったく違う仕方で、スクリーンの、すなわち「映画」のもうひとつの条件である「平面性」に挑戦しているのだと考えるべきではないか。そして実際、彼はそうしているのだ。

ここで2度目の「1：自然」の或るシーンを思い出そう。ゲデオンはジョゼットにこう言っていた。「左右が逆もありえた。上下ではない。なぜだ（Gauche et droite ont été inversées, mais pas l'haut et le bas, pourquoi?）」。この謎めいた台詞は、いわゆる鏡像反転が、なぜ左右でのみ生じ（るように見え）、上下では起こらない（ように見える）のか、という、よく知られた疑問を表していると考えられないだろうか。その答えは、そもそも鏡が反転させているのは、イメージの左右ではなく、上下でもなく、前後関係、すなわち奥行きなのだ、というものである（詳しい説明はマーティン・ガードナー『自然界における左と右』などを繙いていただきたい）。

この台詞をわれわれの目下の議論に強引にパラフレーズしてみよう。ステレオであるということは、左右の入れ替えが可能ということである。だが、上下ではそれは出来ない。いや、出来ないというよりも、それがどういうことであるのかさえ一見定かではない。左右のスピーカーから聴こえてくる音は逆さまにすることが出来る。左右のゴーグルに配された映像も逆転することは可能だろう。では上下なら？　ここで先ほどの目と耳の違いは反対になる。耳においては上下の反転は、絶対に不可能というわけではないが、明確には認識し得ない（もちろん高低の移動は可能だが、それは上下反転ではない）。だが目であれば、逆立ちをすればいいのである。ただそれだけで、いとも簡単に視界は上下反転する。

　このことこそが、テーブルの場面でカメラが旋回していた理由なのだ、というのが私の見立てである。このショットだけでなく、『さらば、愛の言葉よ』には、何の前触れもなく突然、カメラが垂直方向に旋回し始めるシーンが幾つかある。1度目の「2：隠喩」で、ダヴィッドソンがマリーとアランと話しているところに、イヴィッチの夫が車で乗り付けて、いきなり発砲する場面（そこではダヴィッドソンの台詞の反復も起こっていた）。次いで2度目の「1：自然」が始まってまもなく、ジョゼットとゲデオンが共に全裸でアパルトマンに居る場面（ここでもゲデオンの台詞の「再試行」が起こる）。そして3度目が、いま見たばかりのテーブルのシーンである。どのショットも、旋回は非常に無造作に為されており、画面はかなり不安定で、フレーミングは緩い。まるでカメラが突然、重力の拘束から解き放たれて、くるくると回転を始めてしまったかのようなのだ。その結果として私たちが見るのは、上下が逆転した、いや、今まさに逆転しつつある映像＝世界である。それらは基本的に遠近の移動を伴わないので「3D映画」的な「奥行き感」とはほぼ無関係だが、それでも3Dであることによって、その運動性を強調＝増幅されている。実際、カメラが、映像が、ふと廻り出した瞬間の驚きと興奮は、アルフォンソ・キュアロン監督『ゼロ・グラビティ』にも、まったく引けを取らない。

　これが、ゴダールによる「映画」の「垂直の平面」への挑戦である。スクリーンという物体が、地面に対して真っ直ぐに立てられた矩形の幕であるがゆえに、そこに映写される光線の束に対峙する者の視線からはあらかじめ疎外された、無意識の内に隠蔽されている、つまり、この世界に存在し得るのにもかかわらず、誰も見たことのないイメージ。それは上下が逆転した、いや、逆転してゆきつつあるイメージである。いわばそれは、スクリーンという不動の「平面」の上で、フレームというもうひとつの「平面」が旋回運動を始めるということである。この二重の矩形の動的なズレ、実際にはひとつでしかない矩形の変動が「映画」の「平面性」を直撃する。

　何というぶっきらぼうな戦い方だろうか。だが、たったこれだけの仕業で、私たち観客は、2Dであれ3Dであれ、ついぞスクリーンの中では見たことのなかったような、真に驚異的な映像に出くわすことになるのである。そしてそれは、現実世界においてもほとんど見ることのない視界のありさまである。実際、私たちは滅多に逆立ちをしない。それに、ここで為されているのは、精確に言うと倒立ではなく側宙である。

「3D映画」が多用する「奥行き」の捏造は、詰まるところは「錯視」すなわち視覚の詐術に過ぎない。それは「平らな画面なのに、平らでないように見せる」ことでしかない。誰もが知っているように、ほんとうはスクリーンの向こう側には何もありはしない。だから、いま見つめているスクリーンが平面である／でしかないという事実を都合よく観客に忘却させようとするのではなく、むしろそれが平面であるがゆえにこそ、歴然と現実を素材としながらも現実とはまったく異なった、いわばオルタナティヴなリアリティを持ち得るのだと、見る者に確信させること。ジェームズ・キャメロン監督『アバター』のオープニング・ショットのような、数多の「3D映画」に頻出する「カメラが画面の奥に直進してゆくショット」を、ゴダールは『さらば、愛の言葉よ』から厳しく排除している。その代わりに彼は、おもむろにカメラを側宙させたのだ。

では、ゴダールは「奥行き」というものをどう考えているのだろうか。いずれにせよ「映画」は「平面」でしかないのだから、3Dによる「奥行き」の仮構はナンセンスである。それはそうなのだが、思い起こしてみよう。テーブルを挟んで、ゴダールとフロランス・コロンバーニは、どんな会話を交わしていたか。「下まで描くわ。もっと下まで」「下から描くのが、いいと思う」。日本語字幕ではカットされているが、ゴダールはこの前に「Oui, de la profondeur」と言っている。「そう、奥行きだ」。コロンバーニのノートには縦に一本の黒い棒線が描かれている。彼女はページの下まで線を引いたのだ。ノートもスケッチブックも、むろん平面である。線ならば、下の下まで達すること。画ならば、下から描き始めて、上に塗り重ねてゆくこと。これが「単調な部分に深みを与えること」、すなわち「平面」に「奥行き」を与えることなのだと、ゴダールは言いたいのではないか。

このパートの最後に、あの「覗き穴ショット」と同様、『さらば、愛の言葉よ』に何度か説明抜きに挟み込まれていた、もうひとつの奇妙な映像について述べておく。それは最初、妙にごつごつした黒い何か、ということ以外はよくわからない。だが何度か出現する内に、それが黒の絵の具の重ね塗りの接写であるらしいことがわかってくる。ゴダールはパレットに黒色を足して、筆先を浸し、絵の具を練る。平面に奥行きを齎すために。なるほど絵画の歴史は遠近法を発見／発明した。だがそれは結局のところ、長い時間を掛けて、あの「ステレオスコープ」を経て「3D」へと連なってゆく「錯視」のテクノロジーでしかない。しかし絵画にはマチエールという物質的な「奥行き」があるではないか。黒の絵の具の重ね塗りらしきインサート・ショットには、紛れもない立体性が刻印されている。つまり「平面」が持ち得る「奥行き」とは、パースペクティヴではない、レイヤーなのだ。

だが「映画」とは、そもそもが残像効果という「錯視」の産物であるのだし、光学的な映像に物質的なレイヤーがあり得る筈もない。「映画」に出来るのは、ただ「重ね塗り＝奥行き」を撮影することだけである。ここでは「絵画」と「映画」の本質的かつ決定的な差異が語られているのだ。だからテーブルの場面でゴダールが自ら絵筆をとってみせているのは（姿は映らないが）、むしろ自分が画家ではない、という（残酷な？）事実を示すためなのだ、おそらくは。

映画が始まってから、約六十六分。もう残りはたったの三分ほど。だが、まだ語るべきことはある。

1-1-0

私はここで、これまで一度も触れてこなかった、それどころか題名さえ記したことのない、一本の映画について語らなくてはならない。『ＪＬＧ／自画像』（１９９５年）である。長編と呼ぶにはいささか短い、一時間に満たない（『さらば、愛の言葉よ』よりも更に短い）この作品の原題は『ＪＬＧ-ＪＬＧ』、副題は「十二月の自画像」。題名に示されているように、主演はジャン＝リュック・ゴダール自身である。

まず電話のベルが聞こえ、ノートに手書きの簡素なタイトル・クレジットが映し出される。自然光だけの薄暗い室内の窓際に写真が立てかけてある。モノクロームの、おそらくは何人かで撮ったスナップショットをトリミングしたものだろう、ひとりの少年の写真。それが今、ひどく息を切らせながら話し始めた声の持ち主、すなわちゴダールその人と同一人物であるのかどうか、最初はまだわからない。いや、よく見るとゴダール自身の影も映っている。画面の手前にマイク・スタンドが置かれていて、何者かがそこに顔を近づけて喋っている。だがピントが奥の写真に合わされているため、その背中もマイクも影のようにしか見えない。

あどけない子供たちの声がする。だがゴダールはいかにも苦しげに、この映画の始まりを告げるばかりだ。場面が変わり、荒涼とした冬の海が映し出される。いや、これはレマン湖、いや、ジュネーヴ湖だ。犬の吠え声がする。ある時期以後のほとんどのゴダール映画と同様、この映画は全編、彼の自宅近辺で撮影されている。声は言う。「普通はこうだ。死が訪れ、人は喪に服す。だが、なぜか私は逆だった。私は、まず喪に服した。だが死は、パリにもジュネーヴ湖畔にも訪れなかった」。まるで遺作のような、いや、まるで遺書であるかのような濃厚な死の気配とともに、この作品は幕を開ける。

声は続く。「写真の私は打ちのめされた顔をしているが、単に、仲間に痛い目にあわされたとか、校則違反とかで最後の審判にかけられたからではない。この映画の唯一の目的は、それを知ることか」。やはり人の居ない室内。手前の部屋には照明がついているが、奥は無灯。窓の外に向けられた小さなビデオカメラが見える。「私は私の喪に服していた。自分の唯一の友の喪に」。空虚な部屋の映像は、マルグリット・デュラスを思わせる。だが映画が開始して五分もすると、少しずつ雰囲気が変わってくる。ようやくゴダールが画面に姿を現すと、デスクに腰掛けて声に出しながら書き物を始める。「規則がある。例外がある……規則をなす文化、例外をなす芸術というものがある」。前者の例として「Tシャツ、TV、観光、戦争」が挙げられる。そしてゴダールは書く／言う。「しかし誰も、例外を語らない」。そこで、いきなり落雷の音と共に打ち寄せる波の映像となる。そしてまた寂寞とした風景ショットが続く。

誰も例外を、芸術を、例外としての芸術、例外である芸術を語らない。ゴダールは淡々と語る／書く。「自ら文字となるフロベール、ドストエフスキー、音となるガーシュウィン、モーツァルト、絵となるセザンヌ、フェルメール、映画となるアントニオーニ、ヴィゴ……生きられる、生きる芸術となる。スレブレニツァ、モスタル、サラエヴォ（いずれもボスニア・ヘルツェゴビナの町）。例外の死を望む、それが規則なのだ」。最後の一言をゴダールは繰り返す。「例外の死を望むのが規則なのだ。文化ヨーロッパの規則とは、私たちの足もとでまだ咲いている、生の芸術を死なせることなのだ」。

ここで語られる「規則＝文化」と「例外＝芸術」の二項対立は、ジャン＝リュック・ゴダールという極めつきの「例外者」によるものである以上、大変な重みと深刻さを帯びている。だが差し当たり、この映画のおよそ二十年後に撮られた『さらば、愛の言葉よ』について考えを進めつつある私たちにとって、より重要な場面は、もう少し先にある。ゴダールはジュネーヴ湖畔のあちこちを、ひとり彷徨い歩く。彼が散歩しているのは、ロクシーがうろついているのと同じ場所のようだ（ほとんど同じ構図さえある）。次第にこの映画は、ＪＬＧによるＪＬＧにかんする／のための思考のメモランダムの様相を強くしてゆくのだが、十五分ほど過ぎたところで、ゴダールはデスクの上に本を開いている。

「〝両手はある？〟と盲人に聞かれ、両手が見えたら確信できるのか？　なぜ自分の目が確かだと信じうるのか。確かめるべきは、むしろ目ではないのか。両手が見えているかどうか」。ゴダール自身が続けて言っているが、これはルートヴィヒ・ヴィトゲンシュタイン『確実性の問題』の第１２５節のパラフレーズである。だが、問題はこの後だ。『確実性の問題』を取り去ると、下からもう一冊の本が現れる。それはドゥニ・ディドロの『盲人書簡』である。「彼女は〝心と精神の美点こそ恐ろしい〟と言った。〝目が見えないことは特に女には利点ですの。美男の殿方を振り返って見ませんから〟。さらに〝幾何学者は生涯ほとんど目を開かないそうね〟と」。そしてゴダールは本を閉じて横にどかす。するとそこには真白な紙が敷かれている。ＪＬＧはおもむろに呟く。「今度はジャノ（ジャンの愛称）、私の番だ」。

「ステレオは犬と盲人のためにできた。（黒ペンで紙の上部に小さな丸を描いて）彼らはこう投射し、投射はこうなる（丸を頂点とする三角形を描き、他の二つの頂点にも丸を加える）。この投射の形のなかで見聴きする私は、この位置にいる（ペンを赤に持ち替えて、三角形の下辺の下に赤丸を描く）。私は正面で投射を受けとめ、こう反射する（赤丸を頂点のひとつとする逆三角形を描き、他の頂点にも赤丸を描く）。この図形が私の状況だ。これがステレオの顔だ」。図はいわゆるヘキサグラム（六角星、六線星形、六芒星）の形になっている。ゴダールは紙を入れ替えて、こう続ける。「だがこの顔を歴史で見るとどうなるか。ステレオは歴史にも存在する。（三角形を描いて）ユークリッドがいた。次いでパスカル、パスカルが省察したのは、神秘の六線星形（逆さまにもうひとつの三角形を描き重ねる）。だが歴史には、歴史の歴史には、ドイツがいて、イスラエルに投射した。（重ねられた二つの三角形を幾度もなぞりながら）イスラエルはそれに対して投射して、自分たちの印を見つけた」。言うまでもないことだが、ヘキサグラムは「ダビデの星」の形でもある。「ステレオの掟は続き、イスラエルはパレスチナに投射し、パレスチナも投射を返し、苦難を背負う」。

上・下／『JLG／自画像』

ゴダールはペンを置く。「これが真のステレオ伝説だ」。

謎めいているといえば、これほどの謎めかしもないと思われるほどの謎めきぶり。私事と原理と歴史と政治が並行して語られているのもゴダールならではというべきだろう。もちろん私は、この「ステレオの顔」と「ステレオ伝説」をほとんど理解出来ていない。ただ特筆すべきは、これが「ステレオ」にかんする講釈だとされていること、そして犬が出てきていることだ（この映画で「犬」という単語が発されるのはここだけである）。それから「盲人」という存在も極めて重大だろう。なぜなら、両眼（2）が片眼（1）になったその次の段階は、もはや盲目（0）しかないからである。

『アワーミュージック』で、サラエヴォにレクチャーに来たゴダールは、次のように語る。「努めて物事を見ること。努めて物事を想像すること。前者は〝目を開けて見よ〟。後者は〝目を閉じよ〟ということだ」。「2－2－1」で触れておいたゴダールの「切り返し」論が始まるのは、この台詞の直後である。実は「フィクションのユダヤ人と、ドキュメンタリーのパレスチナ人」の「切り返し」の話には、まだ続きがある。「〝事実は雄弁に物語る〟というが、それも長くない。セリーヌは言った。この発言は1936年のこと。すでに映像が言葉（テクスト）によって覆い尽くされた時代だった」。そしてこの後に「切り返し」にかかわるもうひとつのエピソードが語られる。

「1938年、ハイゼンベルクとボーアが物理学を語りながら歩いた。エルシノア城に着いたとき、ハイゼンベルクが言った。〝大したことないですね〟。それに対し、ボーアが反論した。〝ハムレットが住んでいた城だよ。それだけですばらしい〟」。『アワーミュージック(Notre Musique)』という題名の由来が語られるのは、このすぐ後である。「現実のエルシノア城と想像のハムレット。イメージの切り返し。想像的な確実さ。現実的な不確実さ。映画の原理とは、光に向かい、その光で私たちの闇を照らすこと。私たちの音楽」。

比類なく感動的な場面である。ゴダールにとって、明らかに「切り返し」は単なる映画用語には留まらない。いや、彼は「映画」の思考を、それ以外のあらゆる事柄に展開させる。実際のところ、ゴダール映画には、比較的初期の作品を除けば、純然たる「切り返し」のショットは殆ど存在していない。敢て為される場合は、それが「切り返し」であることが殊更に強調される場合が多い(私は未見だが『切り返し』という題名の短編映画も存在している。『Champ contre Champ』〈2003年〉。アンヌ＝マリー・ミエヴィルとの共同監督)。極端に言えば、ゴダールの「切り返し」とは「現実のエルシノア城と想像のハムレット」のあいだの反射作用に他ならない。それは必ずしもショットとショットの連接的関係の一種を指すのではなく、むしろ非対称的な二者の特殊な対照関係のことなのである。

この意味で、『さらば、愛の言葉よ』の二つの物語、すなわち「1：自然」と「2：隠喩」

は、正しく「切り返し」の関係にあると言ってよいだろう。そのことが最もクリアに示されているのが、言うまでもなかろうが、鏡のシーンである。「1：自然」ではジョゼットがカメラに向き合って手前に立ち、その後ろに背を向けてゲデオンが立つ。奥に鏡がある。「2：隠喩」ではマルキュスがカメラに向き合って手前に立ち、その後ろに背を向けてイヴィッチが立つ。奥に鏡がある。ここであの「左右が逆もありえた。上下ではない。なぜだ」を再び思い出そう。二つのショットで、それぞれの奥に据えられた鏡には、いかなる像が映っているか。「1：自然」の鏡には、ゲデオンが手前に立ち、ジョゼットが背を向けて後ろに立っている。「2：隠喩」の鏡には、イヴィッチが手前に立ち、マルキュスが背を向けて後ろに立っている。つまりそれぞれの鏡の中では、男女の位置が入れ替わっている。ここで重要なことは、たとえば「1：自然」の鏡像が「2：隠喩」のショットと同じになるわけではないということである。そこでは男女の左右の位置が逆になっているのだ。

では、もしも鏡の位置にカメラを据えて「切り返し」を撮影したならば、どうなるか。「1：自然」ではゲデオンが手前でジョゼットが後ろ、「2：隠喩」ではイヴィッチが手前でマルキュスが後ろ、これは鏡と変わらない。だが「1：自然」の切り返しは、「2：隠喩」のショットと、前後左右ともに完全に同じ位置関係になっている。従って「1：自然」と「2：隠喩」は、鏡像関係ではない。両者の関係は「切り返し」なのである。だからこそ、一方は「自然」、もう一方は「隠喩」と名付けられているのだ。それは「現実のエルシノア城と想像のハムレット」と同じなのである。

そして、ボーアが言っていたように、そこでは「自然＝現実」が「隠喩＝想像」に常に既に勝っているわけではない。むしろ後者が前者を凌駕することだって十分に起こり得るのだ。ゴダールは「映画の原理」とは「光に向かい、その光で私たちの闇を照らすこと」だと言う。それは「現実＝自然＝光」の「切り返し」としての「想像＝隠喩＝闇」のことなのだ。光に鏡を向けたなら、光はそのまま打ち返されてしまう。だが光を切り返せば、一身に光を浴びて、自らが露光することになるだろう。つまり、鏡ではなくカメラになること。

『JLG／自画像』の後半で、若い女性（ジュヌヴィエーヴ・パスキエ）が、編集助手にしてくれとゴダールを訪ねてくる。彼女は盲人である。JLGはすぐさま彼女を雇い入れ、さっそく仕事に取りかからせる。編集するのは前作に当たる『ゴダールの決別』である。ゴダールがシーンとショットを伝えて、コマ数を指示すると、彼女はテーブルに横たえられたフィルム・ロールを手に取り、コマを直接触ることで作業を開始する。彼女はそこに焼き付けられた映像を見ることなど出来ない筈だが、にもかかわらずゴダールが指定するショットを即座に見つけ出しているようだ。いつしか彼女はフィルム・ロールさえ手放し、透明な、非在のフィルムをゆっくりと巻き取りながら、いま自分が見ている『決別』のヒロイン、ラシェルの台詞を口にする。

掛け値無しに美しいシーンである。そしてこの後、ゴダールは彼女に語りかける。「ある日、こんな話をした。立方体を想像して」。彼女は答える。「見えます」。「中心の1点を想像して」。「はい」。「8つの頂点に直線を延ばそう。立方体が分かれるね」。「ピラミッドが6つ。6つとも面は同じ。高さは、もとの半分」。ゴダールは言う。「その通り、どこに見える?」。すると彼女は答える。「頭の中に。あなたと同じ」。この対話もディドロの『盲人書簡』、精確にはその『補遺』からの引用である。彼女が「誰も作らなかった映画」と呟くと、ゴダールは「よくぞ言った」と悦んで、こう続ける。「誰も見なかった映画だ」。

誰も作らなかったがゆえに、誰も見なかった映画を、私たちはしかし、見ることが出来る。それはどこにあるのか。「頭の中に」。

次のシーンで、彼女はフィルムの編集機を両手で触れながら、長い独白をする。

私の左手が右手に触れ、右手は他の物に触れている。触れている手に手が触れる。その感覚が、他人の手に触れる時にもあってよいはずで、自分の手で触れる時のように事物と合体しはしないか。

しかも、この感覚の領域には限界がない。もしも肉とは究極の概念であると示すことができて、2つの実体の結合や合成ではなく、思考するものなら、可視なものが自らの関係において、私を通過し、私を見る者にするとすれば、私が造りはしなかったけど私を作った世界が、循環を形づくって、私以外の体にも私の体にも、魂をふきこむ。

今、こうした波が、いかに私に生じたかがわかる。むこうに見える光景は、私の風景なのだ。むろん、むこうにはむこうで、閉じられた世界と、別な風景がある。


これはおそらくモーリス・メルロ＝ポンティの『見えるものと見えないもの』の引用である。つまりここにはディドロ↓ヴィトゲンシュタイン↓メルロ＝ポンティという「見えることと見えないこと」をめぐる思考の系譜があることになる。これらをトレースし、つぶさに解析することはむろん私の手に余るが、引用の連鎖だけから考えてみるならば、視覚と触覚の関係、そして「見える」という信憑（＝確実性）の問題が、ここでのゴダールの関心事ということになるだろう。ならば、このことは『さらば、愛の言葉よ』と、どのようにかかわっているのか。

二度目の「2：隠喩」に、マルセル・プルーストの『ジャン・サントゥイユ』の引用があった。「この箇所には、見えるものを描いてはいない。だが、見えないものを描いているのでもない。見えないことを描く。クロード・モネ」。このとき映像は、ナレーションがこの箇所に至る直前までのロクシーの姿から切り替わり、車のワイパー越しの雨の夜の道路と、同じ構図で撮られた洗車中らしき日中の光景を、つぶれた色調で映し出している。続くテレビの部屋のシーンに入る前に、もう一度、緑の中を散歩しているロクシーのショットが挿入されている。

では、「見えないことを描く」とは、どういうことなのか。先の引用の続きは、こうである。

霧の上を漂うことのできない眼の衰弱がカンバスにも川の上にも加えられている。それがまったくすばらしい。大聖堂の場合でも同じようにすばらしい。というのは眼に見えない正面玄関はたしかに美しいからだが、しかしそれは自然のなかに生きているものなのだ。大聖堂の生命の或る時刻は眼に見えなかったり、霧がそこを訪れたりして、そんなときは誰にも近寄れないが、そうした時刻もまた美しい。そこが少しも見えない時刻であってもわれわれが愛する場所は、その見えないということの魅力が表現できるのである以上はまったく否定的なものではないが、そうした場所の生命のなかにある現実的で多様なものをわれわれはすべて知りつくしているわけではなかった。(『ジャン・サントゥイユ』保苅瑞穂訳)

『ジャン・サントゥイユ』はプルーストが『失われた時を求めて』に先立って書き進めていた半自伝的小説だが、未完のまま中絶された。引用は「レヴェイヨン侯爵のモネ」と題された断章からである。ここで言われているのは、ひと通りのことではないが、『JLG／自画像』の議論と繋がっていることは明らかだろう。さまざまな理由によって「私」には「見えない」が、しかしこの世界に存在しているもの。見えないのだから、それを描写することは出来ない。だが、それは在るのだから、描出することは出来る。つまり「それは見えないが在る」ということを描くのだ。ここにディドロによる「立方体」の対話を繋ぎ合わせてみよう。何かが在るのは「私」の外部だけではない。「頭の中」も世界なのだ。

　周知のように、クロード・モネは晩年、白内障によって失明寸前の状態の中で、あの『睡蓮』の連作を描き続けた。彼は見ているものを描いたのでも、見たことのあるものを描いたのでもなかった。そこに存在している筈だが、自分には実在を確かめようがないもの、そこに実在しているのかどうかわからないが、自分には確かに存在していると思えるものを描いたのだ。盲人には外界が見えてはいない。だからといって彼らは「世界」が実在していないとは思っていないだろう。なぜなら「世界」に触れることが出来るのだから。人間は何かに触れることによってそれが現実だと信じる。鏡とカメラの違いはここにある。鏡は像を反射する。だがカメラは像を定着する。どちらも像＝イメージには違いない。しかし、鏡は「世界」に「世界」自体を（「私」に「私」自身を？）見せているだけである。けれどもカメラは、この「世界」に触れて、その存在を自らに刻み込んでいるのだ。

「ステレオは犬と盲人のためにできた」。盲人には視力が無く、犬もヒトとはかなり異なる視覚を持っていることが知られている。ゴダールが言いたいのは、犬も盲人も、もっぱら音＝聴覚によって空間を把握しているということだろう。犬にも盲人にも、耳は二つある。ステレオ。世界を把握するのは触れることによってだけではない。聴くことによっても世界は存在し始める。

ここで思い出されるのが、ロクシーの目の前を電車が通り過ぎる場面である。当然だが、このシーンも「1：自然」と「2：隠喩」で二度あった。一度目は、ロクシーの後ろ姿と走る列車の映像があからさまに合成されており、二度目は、川にかかる橋の上のロクシーと列車の通過の映像がクロスカッティングされていた。つまりどちらも実際には電車はロクシーの「目の前」を通り過ぎてはいない。これらも一種のゴダール的「切り返し」なのである。どちらのシーンでもロクシーはきょろきょろと左右を見回している。犬は列車を見ていないが、見ている。一度目の列車の通過場面のすぐ後で、リルケの『ドゥイノの悲歌』からのパラフレーズ「動物は世界を見る。意識で目が曇った人間は世界を見られない」という言葉が登場していたことも忘れてはならない。

駅のホームや踏切での列車の通過は、常に必ず左右の移動である。つまり、その通過音は、ステレオ・サウンドである。ロクシーは、その音を聴いていないが、聴いている。そしてロクシーの両耳は、自分が今どこにいるのかを、ロクシー自身に伝えているのだ。

『JLG／自画像』のラストシーン。山道をゴダールが歩いてくると、路傍にひとりの老女（エリザベート・カザ）が佇んでいる。彼女はオウィディウスの『変身物語』の最終章をラテン語で、だが「ローマ帝国」を「アメリカ」に置き換えて暗誦している。ゴダールは彼女が自分のマントを下敷きにしていることに気づく。彼は後ろに座り込み、彼女の語りをフランス語に訳してゆく。「どれほどアメリカの強大な力が世界を制覇しようとも、私の言葉は語り継がれる。永遠の限りまで。人が詩人の言葉の真実を信じる限り、私は生き続けるだろう」。彼女が立ち上がると、ゴダールはマントを取り返そうとするが、あっさり躱されてしまう。やがて彼も来た道をまた戻ってゆく。

この映画の最後は、冒頭と同じく、また「声」だけの存在になったJLGの、こんな述懐である。「ようやく完成するこの映画で私は、愛することを知る者に、やっとその名にふさわしくなれるだろう。一人の人間。誰とも同じ人間。自分でしかない人間に」。

「ジャン゠リュック・ゴダールによるジャン゠リュック・ゴダールの自画像」は、いささかJLGらしからぬと言えなくもない、叙情的でナイーヴな台詞で幕を閉じる。しかしこのナイーヴさの、なんと麗しいことか！

1-1-1

『ゴダールの決別』は、おそらく九〇年代以降のゴダール映画の中でも、際立って難解な作品である。その難解さは主題と叙述の両面に及んでいる。主題面においては「神」の問題が、叙述面においてはエクスキューズ抜きに多用される所謂「回想ショット」が、その難解さの主たる原因となっている。

そもそもゴダールは、「切り返し」と同じく、コンベンショナルな意味での「回想ショット」も、殆ど使用することがない。というよりも、特に近年の作品では、シーンとシーン、ショットとショットの時間的な関係が意図的に曖昧にされていることが多く、どこが「回想」であったとしても、よくわからない、というのが正直なところである。従って、映画内の現在時に対して過去であることが明示された「回想」が殆どない、と述べた方が精確かもしれない。『愛の世紀』では、映画の後半で「二年前」に物語が遡るが、その「過去」の中の時間的前後関係は定かではない。

その点は『決別』においても同じなのだが、ここでは物語自体が「過去の出来事」にかかわっているがゆえに、事態はより複雑となる。アブラハム・クリムト（ベルナール・ヴェルレー）という男が、レマン湖＝ジュネーヴ湖に程近い町にやってくる。アブラハムは人々に尋ねる。「1989年7月23日の午後に起きたことを調べてる。事件と呼べるかはわからない」。彼の調査の対象は、自動車修理工場を経営するシモン（ジェラール・ドパルデュー）とラシェル（ロランス・マスリア）のドナデュー夫妻。あの日、二人に何が起こったのか。何かが起こったのか。アブラハムは、彼らから「物語」を買いに来たのだと言う。

そして何人かの証言者が登場して、「1989年7月23日の午後」の自らの記憶を繙いてみせる。それらが先触れなしの「回想ショット」として、いきなり映画の中に挿入されてくるのだ。更に複数の人物の「回想」は互いに矛盾を来たし、聞けば聞くほど何が起こったのか判然としなくなってゆくのだが、それ以前に、とりわけ初見だと、そもそもこのような語りの構造になっていること自体に気づかない観客も多いのではないかと思われる。むしろ断片的で意味ありげなシーンがひたすら延々と続く、いつものゴダールだと思ってしまうのではないか。

とはいえ、それでも次第にわかってくるのは、ドナデュー夫妻に「1989年7月23日の午後に起きたこと」とは、シモンに「神」が乗り移り、ラシェルと愛を交わした、少なくともそのように疑うべき一連の出来事があった、ということである（ギリシャ神話のゼウスの逸話から採られている。前にも述べたように、題名の『Hélas pour moi』は「Hellas＝ギリシャ」との言葉遊びになっている）。ＪＬＧは『ゴダールのマリア』（１９８５年）で処女懐胎を描いて物議を醸したが、『決別』ではそれ以上にスキャンダラスな神学的（瀆神的？）題材に挑んだと言ってよい。なにしろ、この映画には「神」が若い男（ハリー・クレヴァン）の姿で登場し、従者であるマックス（ジャン＝ルイ・ロカ）に不平を言ったりするのだ。しかも「神」の声は機械的に醜く変調されている。

どうやら「神」はラシェルを見初め、彼女を我がものにするためシモンの中に入り込んだらしい。「Simon Donnadieu」は「Gérard Depardieu」に掛けられているのだが、台詞でも言われるように、もうひとつ意味がある。それは「Si m'on donne à Dieu（もしも我が身を神に捧げるなら）」のもじりなのである。

『決別』では「三位一体」にかかわる台詞が繰り返し語られる。言うまでもなく本来は「父＝神」と「子＝キリスト」と「聖霊」のことだが、ゴダールの「三位一体」は少々、いや、かなり違った意味を持たされている。「神」はマックスを相手に「いつもの詩篇」で発声練習をする。「すべては一人の中に。他者も一人の中に。３つの人格」。これと似た言葉が『ゴダール・ソシアリスム』の中でも発される。「他方は一方の内に、一方は他方の内に。人格が３つ」。

上／『ゴダールのマリア』・下／『ゴダールの決別』

この点について、ゴダールは『さらば、愛の言葉よ』にかんするインタビューで、こんなことを語っている。

――ロクシーは何をもたらしましたか。

JLG　絆だ。二人の人物の間の。私の母の先生だったかつての哲学者、レオン・ブランシュヴィックのいう絆。当時のフランス哲学の最高峰の一人だ。彼の『モンテーニュを読むデカルトとパスカル』という小さな本を読んだ。デカルトは我知る、パスカルは我信ず、モンテーニュは我疑う、だ。ブランシュヴィックが言うには、一方は他方の中にあり、他方は一方の中にある。この三つの人格の感覚は興味深く、とても生き生きしていると思う。
（「シネマ、それは現実を忘れること」）

『さらば、愛の言葉よ』には、ブランシュヴィックの引用も「三位一体」という言葉も、直接的には出てこない。だが、なぜかゴダールは三たび（？）この話を持ち出す。ゴダール自身によるレジュメにも、こんなくだりがあった。「他者が個人の中にいて／個人が他者の中にいる／そして登場人物は三人になる」。ならば、ここで問われなくてはならないのは、「一方は他方の中にあり、他方は一方の中にある」ことが、なぜ「三位一体」になるのか、ということだろう。AがBに含まれる。BがAに含まれる。ここにはAとBしかないのではないか。そうではない。AとBは互いが互いを含んでいる。A＝BでないならばA⋒BとB⋒Aは相容れない。このあからさまに矛盾した、本来ならば両立し得ない筈の二種類の関係式を繋ぐ「絆」が、ブランシュヴィック的「三位一体」を形成する第三の人格なのだと、ゴダールは言っているのではないか。

デカルトの「我知る」の内にパスカルの「我信ず」が含まれ、逆もまた真。では「知る」と「信ず」は同じことなのか。そうではなく、この二つを相互貫入させる第三項があるのだ。いや、二者の相互貫入が必然的に三人目を要請するのだと考えるべきかもしれない。そして、このような「三位一体」を完成させる「第三項＝三人目」のひとつが、犬なのである。だからこそ、ロクシーについての質問に、ゴダールはあのような答えを返したのではないか。そういえば『ソシアリスム』の中で、ラシーヌの引用として、こんな台詞があった。「ユリシーズが帰還した時に、彼を認知したのは犬だけだった」。そう、やはり最後の鍵は犬なのだ。ロクシーなのだ。ではあらためて問おう。ロクシーとはいったい何なのか？

「2－2－0」でも触れておいたように、『さらば、愛の言葉よ』には『決別』の反復が幾つもある。スイスでは「アデュー」が「さらば」と「こんにちは」の二つの意味を持つという話（もっとも『さらば』ではゴダールがインタビューで語っているのみだが）。そしてフランソワーズ・ドルトの引用「男を愛する女にとって、どんな男も神の影では?」。それから『さらば』の冒頭でなされるフローベールの『感情教育』末尾の引用「〝あの頃が一番よかった〟と、デローリエが言った」も『決別』に登場する。

だが、このような細部だけではない。引用の次元とはまったく別の、より本質的な意味で、『さらば、愛の言葉よ』は『決別』の「続編(パート2)」なのだ。だってそうではないか。『決別』は一組の男女の間に「神」が入り込む物語、そして『さらば、愛の言葉よ』は、二組の男女の間に「犬」が入り込む物語なのだから。言わずもがなのことだろうが、敢て書いておこう。GODを左右逆にするとDOGになる。

『決別』の「神」は、シモンの中にそのまま居座りはしなかった。2に1がプラスされても、その3はやがて必ず2に戻ってしまう。いや、そこで加えられたのは、本当に1だったのだろうか。『決別』の結末近くに、二人の人物が、二つの「公理」を叫ぶ場面がある。「公理1」は「財産の否定の否定は肯定である」、「公理2」は「未知数Xの存在は神と類似している」。前者はシャルル・ペギー、後者はエルネスト・ルナンから来ているようだが、例によって部分的に改変されているかもしれない。ここで語るべきは、もちろん「未知数X」の方である。Xには如何なる数が代入されるのか。それは1かもしれない。何しろ「神」とは唯一者だとされているのだから、だが未知数である以上、それは別の数かもしれない。2かもしれないし、3かもしれないし、それ以上の数かもしれない。∞(無限)かもしれない。だがしかし、ことによると0かもしれない。2に0をプラスしても2のままである。そして実際、すべてが終わった後で、シモンはアブラハムに「何もなかった。あれは僕だった。出かけて、すぐ戻ったんだ」と言うのだ。「神」は確かに現れ、そして去ったのだが、しかし同時に「神」は最初からどこにもいはしなかったのだ。そういえばラシェルは、こんなことを言っていた。「神を演じてはならない。姿は見えないのだから」。だが、アブラハムは町を去る時に、こう言う。「目は見えないが、耳は聞こえます。お元気で」。

『さらば、愛の言葉よ』という映画の構造を、あらためて確認しよう。それは「1：自然」と「2：隠喩」と題された二つのパートが交互に二度語られる、というものだった。二度目の「1：自然」の終わりがけに、ふと『フランケンシュタイン』という書物の名前が口にされる。だがそれはそれだけのことだった。しかし二度目の「2：隠喩」の中で、再び『フランケンシュタイン』は、今度はあたかもタイムスリップが起こったかのように、実際に撮影された画面として登場する。ここで見落としてはならないのは、やはり二度にわたるヘリコプターの墜落ショットである。それは「1：自然」では、ジョゼットの「うちで『フランケンシュタイン』を」という台詞の後、突然の強引なスペクタクル・シーンのように置かれていた。それは「1：自然」のほぼ最後である。そして「2：隠喩」においても、ヘリコプターが炎上するのは『フランケンシュタイン』の引用が始まった直後である。だが、メアリー＆パーシー・シェリーが姿を現すのは、それよりも後なのだ。だとすると、二人の出現の前で「2：隠喩」も終わっていたのだと考えることが出来るのではないか。

そう、タイムスリップから先は、もはや「自然」でも「隠喩」でもない。特に名付けられてはいないが、それはこの映画の三つ目のパートなのである。数式で示すなら、こうなる。「(1＋1)＋(1＋1)」＋1。そう、プラス・ワンだ。それはまた、時空を超えた「切り返し」の関係にあった「自然」と「隠喩」という一組（ワン・プラス・ワン）に対する「切り返し」でもある。「切り返し」を「／」で示せば、こうである。「(「1：自然」／「2：隠喩」)＋(「1：自然」／「2：隠喩」)」／「3」。ということは、ここでの「3」とは「2」でもあることになるだろう。

ならば、この第三のパートの内部に配された数は？『フランケンシュタイン』のエピソードでは一組のカップルが描かれ、続くテーブルのシーンにもゴダールとフロランス・コロンバーニという男女が登場する。すなわち2（ワン・プラス・ワン）＋2（ワン・プラス・ワン）だ。これは「切り返し」の向こう側と精確に同じである。だからやはりここにあるのはワン・プラス・ワン・プラス・ワンであると同時に、新たなワン・プラス・ワンでもあるのだ。

しかし、この計算は、これでもまだ終わらない。まもなく私たちが見るように、『さらば、愛の言葉よ』という映画は、テーブルの場面の後で、物語の次元に戻ってくるからである。そこにはヒロインの姿＝映像は、もはやない。けれども確かにそれは、すでに見てきた女と男の話の続きのようである。とはいえ、考えてみれば、これも当然のことではないだろうか。この映画の内在的な論理とは、ワン・プラス・ワンの2が維持出来ないということなのだから、「「1」＋「2」」＋「3」としての1＋1にも、更に1がプラスされなくてはならないのだ。こうして足し算は続き、そして「切り返し」も続いてゆく。

マルキュスが「子供を作ろう」と懇願すると、イヴィッチは「犬ならいいわ」と答えていた。この映画の論理に基づけば、最終的にはカットされたのだとしても、ゲデオンとジョゼットの間でも、同じ会話が交わされていた筈である。子供だったら、それは明確なプラス・ワンであり、3は安定する。ひょっとしたら4以上にだってなるかもしれない。時間が経てば、プラス・ワンにプラス・ワンされて、新しいワン・プラス・ワンが生まれることもあり得るだろう。

けれども犬は、少し違う。それは確かにプラス・ワンだが、おそらく足し算はそこで終わってしまうのだ。ひとりの女とひとりの男と一匹の犬。この3は3であっても、いわば更なるプラス・ワンへの期待を断念した3なのである。犬は、大抵の場合、飼い主よりも長く生きることはない。よほど飼い主が老いていない限りは。しかし減算されるのがどの数字であ

上・下／『さらば、愛の言葉よ』

れ、3よりも増えないことに変わりはない。なんと哀しいことか！

ロクシーとは何なのか、なぜ、決して長くはない『さらば、愛の言葉よ』という映画に、これほどの頻度で一匹の犬が映し出されているのか。その理由は今や明らかだろう。ロクシーの名字はミエヴィル。アンヌ＝マリー・ミエヴィルとジャン＝リュック・ゴダールに飼われている。「2声の曲が成立するのは、不協和音に1つの共通音がある場合だ」。ロクシーとは、この「1つの共通音」である。ロクシーは「未知数X」ではない。そうではなく、ロクシーは「GOD」の逆さまである。ロクシーはワン・プラス・ワンにプラスされるワンではない。そうではなく、ロクシーはプラスそのもの、つまり「絆」なのだ。「これこそ三位一体」。

『決別』の結末近く、アブラハム・クリムトは言う。「シモンとラシェルについて話すことはない。あとのことは、映像と物語を超えたところで起こった」。マルキュスは言っていた。「ゼロの線は海沿いの線」。海と陸を分ける線は、最終的には必ず「0」の形を取る。0とは円、丸、穴である。ロクシーは、映像と物語の領域と、映像と物語を超えたところを隔てるゼロの線を気儘に踏み越えつつ、その両側を彷徨く。

『さらば、愛の言葉よ』の残りは、およそ三分。だが映画の冒頭からたったの二分が、あれほどの情報量だったことを、私たちはよく覚えている。夜の駅に列車が到着し、人々が降り立ってくる。そこにイヴィッチとマルキュスらしき男女の声が重なる。「ロクシー！」「彼よ。太い声で」「まさか」。場面がバス停に移り、男の声が「何してる？」と言うと、女が「頭にくる！」と吐き捨てる。また場面が変わって、ソファに安穏と横たわっているロクシー。テーブルには食べ終わった皿が置かれているが、ひとの姿は見えない。シャワーの音がする。イヴィッチの声が「出てって！」と叱る。ロクシーがシャワー室を覗いていたのだ。

夜の寝室でマルキュスが一冊の本を読んでいる。A・E・ヴァン・ヴォークトのSF『非Aの最後』である。「非Aもの」は全部で三作あるが、この最終作だけは日本語になっていない。フランスでは、このシリーズはボリス・ヴィアンによって紹介／翻訳され、多くの読者を獲得した。「非A」とは「非アリストテレス主義」の略号で、ポーランド出身の異能の哲学者アルフレッド・コージブスキーが唱えた「一般意味論」に由来する。コージブスキーはアリストテレスの「二値原理」には限界があると考えた。ヴァン・ヴォークトは、彼の考えを拡大解釈して、荒唐無稽かつ思弁的なスペースオペラに仕立て上げた。ちなみに『ソシアリスム』に「Be動詞を使う人を信用するな」という台詞が出てくるが、これもおそらくコージブスキーから来ている。

テレビモニターに砂の嵐が映っている。ロクシーはソファで丸まって眠たげだ。再びマルキュスとイヴィッチの声がする。「元気がない」「いいえ、違うわ。ポリネシアの夢を」「ジャック・ロンドンか」「そのとおり」。日本ではもっぱら『荒野の呼び声』で有名なジャック・ロンドンは、ポリネシアを舞台とする作品を幾つも書いている。眠るロクシーの映像が、デジタルノイズと共に途切れる。だが次のショットでロクシーは草原にいる。赤い花の咲く道路を車が走り過ぎる。すると、赤ちゃんの泣き声と犬の吠え声が同時に左右から、つまりステレオで聴こえてきて、エンド・クレジットが始まる。

映画の最初と同じ曲「La caccia alle streghe」が流れ出すが、今度はややスローテンポだ。黒地に白のシンプルなクレジットの中で、「ロクシー・ミエヴィル」の「Roxy」だけが赤の3Dで浮き上がる。曲の最後に重ねて「マルブルは戦争へ行った。マルブルは戦争へ行った！」という高らかな音声が入る。これはフランスの俗曲「Malbrough s'en va-t-en guerre」のことだ。日本ではこの曲からメロディだけ頂いた「For He's a Jolly Good Fellow」の方が有名だろう。この曲は、十八世紀初頭のスペイン継承戦争で、イギリス軍の司令官マルブルが戦死したという誤報を信じて歓喜したフランス軍兵士たちの間で流行したものだという。

ロクシーは森の奥に入ってゆく。最後の最後に、もう一声聞こえる。「いつ戻ることやら」。ロクシーが小径から駈け戻ってくる。ジャン＝リュック・ゴダール監督『さらば、愛の言葉よ』は、もうあとほんの数秒で終わる。

さあ、いつものように、即興風に続いてきたこの文章も、まもなく終わる。スリー、ツー、ワン、ワン、、ワン、、、

『新ドイツ零年』

ONE^{n}+

ひとつの音は何も成し遂げない。
ただ、それなしでは生命は一瞬も持ち堪えられないのである。

ジョン・ケージ

ONE^n

フランスの雑誌「フィガロ」の刊行十周年を記念して製作されたオムニバス映画“LES FRANÇAIS VUS PAR...”(ビデオ化題名『PARIS STORY』)は、そのタイトルの通り、「(外国人)から見たフランス人」をテーマにしたものだが、ドイツ人ヴェルナー・ヘルツォークやアメリカ人デヴィッド・リンチに混じって、スイス人ジャン＝リュック・ゴダールも参加している。発表されたのは一九八八年であり、これは『ゴダールの映画史』の、ほぼ同時期に当たっている。圧倒的な情報量と、強度のコンフュージョンを内蔵し、それ自体が「映画史」を貫通する一種の「装置」だと言える『映画史』や、やはり同じ頃に撮られた"On s'est tous défilé"『言葉の力』などと較べると、いささか奇妙とも思えるほどに、明確なストーリー性(とはいえその語り方は、けっして単純ではない)を有したこの作品は、しかし多くの点で、『ヌーヴェルヴァーグ』を経て『新ドイツ零年』へと至る、いわば「九〇年代のゴダール」(とは何か? を、多少なりとも明らかにしようというのが、本稿の企図なのであるが)を予告するものである。まずはこの作品から、語り始めることにしたい。

とりあえず日本版に倣って、ここでも仮に題名を『最後の言葉』としておこう。実際、このわずか十分間ほどのVTR作品は、「最後の言葉」すなわち「辞世の句」が、はっきりと主題化されているのである。『新ドイツ零年』に先立って、主演はハンス・ツィッシュラー。彼が演じているのは、ただ「訪問者」とだけ呼ばれる男である。もちろんゴダールの事だから、物語の前提となるようなシチュエーションはあっさりと断ち落とされているが、どうやら男はドイツから、ひとりのヴァイオリン奏者を訪ねてきたらしい。そして映画(ビデオも「映画」である)は、このふたりの出会いを、ただそれだけを描いたものである。

いつもながら、普通に言うような意味でのキャラクターの描写は、ほとんど省略されているが、しかしふたりは完全な創造上の人物というわけではない。画面外からのナレーションと、ラストに掲げられる字幕によって知れることは、ヴァイオリン奏者の方は、一九四二年七月二十七日、三十三歳の若さで、ドイツ軍によって銃殺された、フランスの哲学者ヴァランタン・フェルドマンの息子であり、「訪問者」は、銃殺を命令した将校の息子なのだということである。「父親の最後の言葉は？」と、「訪問者」はヴァイオリン奏者に尋ねる。要するに彼は、この問いを発するためだけに、ドイツからやってきたのである。だが、相手は何も答えず、ただひたすらヨハン・セバスチャン・バッハの「パルティータ」を弾き続けるばかりだ。『最後の言葉』では、近年のゴダール作品にしては珍しく、全編を通して、ただこの一曲しか使われていない。しかもそれは基本的にすべて、撮影時に生で演奏されており（哲学者の息子を演じているのは、クラシック界のヴァイオリニスト、ピエール・アモイヤルである）、いつものように既存のレコードから「引用」されたものではない。代わりに「引用」されているのは、世界の名だたる文豪たちによる「最後の言葉＝辞世の句」の数々である。

「勇気を。最期の旅へ」ジェラール・ド・ネルヴァル
「昼と夜の戦いだ」ヴィクトル・ユゴー

「ついに私は眠りにつく」アルフレッド・ド・ミュッセ
「すべて失う」ギョーム・アポリネール

etc. ……

やがて「訪問者」はヴァイオリン奏者と共に、木立の奥へと入っていく。そこは一方の父親がその短い生涯を閉じ、またもう一方の父親がその死に立ち会った場所である。ゆるやかに画面は過去へと戻り、いままさに処刑が行なわれようとしている。銃を構えた兵士たちを前に、哲学者は将校（当然、それぞれ同一人物の二役である）に対して「最後の言葉」を告げる……。それがどのようなものであるかは、敢えてここでは記さずにおく。というよりも、実のところ、何が語られたのかは、それほど重要ではないのだ。当然のことながら、真に問題とされるべきは、いずれにしても幾許かの「内容」を持ったものでしかない、その台詞そのものではなく、「最後の言葉」を言う、というある紛れもない、「行為（＝パフォーマンス）」の方だからである。一種の政治的寓話と見なせないこともない『最後の言葉』が、やがて「九〇年代」に入ってから鮮明に顕在化することになる、ゴダールの（最新の、いや、最後の？）プロブレマティークを、既に「八〇年代」の段階で準備したものだと考えられるのは、何よりもまず第一に、この点においてである。

注意しなければならないのは、「最後の言葉」は「遺言」とはまったく違うものだということである。「遺言」とは、先に逝く者が、現在に残された者に向けて発する言葉であり、その意味では明らかに「コミュニケーション」を前提とし、またそれを実現するものだが、「最後の言葉」とは文字通り、人生の終焉で口にされた言葉であり、かならずしも他者に向かうものではない。それは本質的には一種のモノローグなのであり、それ自体としては「コミュニケーション」を必要とはしていないのだ。だが、決定的なことは、それが誰にも聞こえぬ「心中の声」などではなく、実際に発語されるということである。当然ながら、ユゴーの「最後の言葉」も、誰かがその時、その場で聴いていたからこそ、私たちの知るところとなったのであり、事後的に「コミュニケーション」が生じていることは確かなのだ。「パフォーマンス」と呼ぶのは、このようなパラドキシカルな意味でいうのである。つまり「最後の言葉」とは、「生」の極限において、自己の「内部」と「外部」の両側に向けて同時に、だが別々に発せられる、おそらくは唯一の言葉なのである。

「九〇年代のゴダール」を見た私たちに、ある驚きの感情を伴って迫ってきたもの、誤解を恐れずに言うなら、それは間違いなく「老い」であろう。ゴダールはやはり老いたのだ。しかしもちろん、これを単純にゴダールの肉体的な老化とのみ解してはならない。それはたかだか誰もが時を経れば向き合わざるを得ない、物理的な条件に過ぎない。そうではなく、あくまで「映画」に内在する問題として、「老い」というものが急激にせり上がってきたのだと考えるべきだろう。要するに「老い」とは、絶対的な有限性において生き始めることである。確かにそれはジャン＝リュック・ゴダールという個体が、ある年齢を迎えたことと無関係ではなかろうが、しかしそれ以上に、ＪＬＧと「映画（史）」との複雑極まりない緊張関係が、明らかにこれまでとは異なるフェイズに入ったことを示しているのだ。そして『最後の言葉』は、ゴダールの「老い」の時代の到来を告げる、一種のマニフェストとして捉えられるべきなのである。

『最後の言葉』と同じ一九八八年に、今は亡き作曲家のジョン・ケージは、「ONE」という曲を発表した。八〇年代後半より、ケージは演奏者の人数をそのままタイトルにした作品を次々と書いていくのだが、これはほぼその最初の曲に位置するものである。他にも、「TWO」「THREE」「FOUR」「FIVE」「SIX」「SEVEN」etc.……とあり、使用楽器も曲の内容も様々だが、いかにも茸翁らしいネーミングであり、乱暴とも思えるそっけなさが、逆にユニークだと言えるかもしれない。

ここで興味深いことは、それぞれの数字のタイトルの楽曲が、どれもその後で連作されていることである。たとえば「ONE」の二作目は「ONE^{2}」であり、以後も同様に「ONE^{3}」「ONE^{4}」、確認できた限りでは、最終的に「ONE^{11}」（ヘニング・ローナーとの共同制作による映像作品）までが発表されている。シリーズの番号を乗数で示すというこのスタイルは、他の数字作品のタイトルも共通しているのだが、とりわけ「ONE」に関しては、このことは特別な意味を持っているように思われる。

たとえば、「TWO^2」は、二人のピアニストのために書かれた作品である。これは単純にシリーズの二作目ということだけではなく、手が四本であることも意味している。つまり指数は単なる飾りではなく、確かに計算されているわけである。他の作品については、もちろんこれほど明解ではないにしても、「FOUR^2」＝4×4＝16というようにいずれにせよ作品を追うごとに、その数字は飛躍的に増大していくことになる。ところが、ならば「ONE」についてはどうだろうか？　そう、1を何乗したとしても、それはただの1のままである。1×1×1×1×……とするとまったく無意味なものということだろうか？　そうではない、と、ジル・ドゥルーズなら言うかもしれない。たとえば彼は次のように書いている。

一回目に、二回目、三回目を加算するというのではなく、第一回目を「n」乗するのだ。このような力《ピュイサンス》＝累乗の関係《ラポール》＝比のもとで、反復は、内化されることによって転倒させられるのである。

（ジル・ドゥルーズ『差異と反復』財津理訳）

もちろんドゥルーズはケージについて書いているわけではないが、この「力＝累乗」（仏語のpuissanceにはこのふたつの語義がある）という概念は、「ONE^{11}」を考える際にも、極めて示唆的なヒントを与えてくれる。1のn乗は、もはや既にただの1ではない。いや、それは1であり続けながら、その内部に、数字ではけっして表わせないような、途方もない「力」を充塡されていくのである。

キルケゴールが、反復は意識の第二の力《ピュイサンス》〔2乗〕だと語るとき、この「第二」は、二番目を意味しているのではなく、むしろ、ただの一回について言われる無限を、ひとつの瞬間について言われる永遠を、（中略）つまり「n次の」力＝累乗《ピュイサンス》を意味している。（同前）

なるほど、既に述べたように、「ONE」の場合は、その基本的な意味は「独奏《ソロ》」ということであり、ドゥルーズの言うような「反復」とは、いささか照準が異なると思われるかもしれない。しかしそうだろうか？　ひとりであることの累乗とは、自らの中に「反復」を抱え持つということである。ソロを「反復」していくことによって、「力＝累乗《ピュイサンス》」としての音が、産み落とされるのだ。「ONE^{n}」と題された連作は、それぞれ初演の時には、特定の楽器が指定されていたが、コンポジション自体は、必ずしもその楽器でなくても構わないとされている。したがって同じ演奏者が、それを順番に弾いていくことも決して不可能ではない。仮にそのような演奏が行なわれるとしたら、そこで聴かれるのは同じ「ONE」であり、違う「ONE」でもあり、しかもその演奏と聴取の只中で、次第に「力《ピュイサンス》」が「累乗《ピュイサンス》」されていくことだろう。すなわちそこでは「1であること」が「反復」される。そしてそれはもちろん、まず誰よりも、ジョン・ケージという名の「1」のことでもある……。

さて、ようやくここで私たちは、「ゴダールの九〇年代」について、ふたたび語り始めるための、いくつかの重要な鍵を手に入れたように思う。いや、むしろここまでの記述は、すべてゴダールを論じてきたのだと言ってもいい。ゴダールの「老い」とは、彼が「映画(史)」における「1」であるということと、深い関係があるからである。ジャン＝リュック・ゴダールという名の「1」について考えること。

(未完)

右のテクスト「ONE^n」は、今はなき映画雑誌「カイエ・デュ・シネマ・ジャポン」の10号に掲載されたものである。刊行は一九九三年末。この文章を書いた時、私はまだ三十歳にもなっていなかった。同誌の特集「ゴダールへの手紙」に寄稿したものだが、二十年以上も昔のことなので、さすがに記憶が定かではないものの、おそらく依頼の内容とはかなり違った原稿になってしまったのではないかと思う。誌面の最後に、こんな言い訳のような追記が附されている。「私の「ゴダールへの手紙」は思いのほか長くなってしまい、持っていた便箋を使い切ってしまった。生来の経済感覚（分量的な？　時間的な？）のなさが災いして、いかにも中途半端な文章になってしまったことをお詫びする。いずれあらためて続きを書くことにしたい。尚、この文章は一種の「即興」で書かれたものであることを記しておく」。即興などとお得意の台詞を書き付けてはいるが、おそらくは、そう言いつつもそれなりに気合いを入れて書き出したものではなかったか。

しかし、その後の長い長い間、この「続き」が書かれることはなかった。それどころか、私はほんのしばらく前まで、こんなものを書いたことさえ忘れていたのだ。思い出したのは

「ジャン＝リュック・ゴダール、3、2、1、」の執筆途中のことで、すでに雑誌は手元になかったので、図書館まで行ってバックナンバーを見つけ出し、コピーを取ってきて、あらためて読んでみたのだった。

正直言って、この頃の自分がどのようなことを考え、この「続き」としてどんなことを書くつもりだったのか、今の私にははっきりとはわからない。過去の自分は他人と同じだから。だが、当然ながら変わっていないなあと思えるところも多い。思ったほどに変わっていないことに驚きと安心と落胆を感じなくもない。さすがにあちこち青臭い書きぶりのようにも思えるが、それを言うなら、今だってじゅうぶん青臭いのではあるまいか。だが、ともかくもこれから、約二十年ぶりに、この中途半端な論を書き継いでみようと思うのである。尚、以後の文章は一種の「即興」で書かれたものであることを記しておく。

「カイエ」の特集は『新ドイツ零年』（１９９１年）の劇場公開に際してのものだった。この映画は日本では諸外国よりもやや遅れて、一九九三年末にロードショーされたのである。『ゴダールの決別』（１９９３年）は一九九四年の秋に日本公開されたので、この原稿の執筆時点では私は観ていない。『最後の言葉（Le dernier mot）』は、二十年前の原稿にあるようにオムニバスのテレビ映画『パリ・ストーリー』の一編で、一九九三年に日本でビデオが出

上・下／『新ドイツ零年』

ている。総タイトルの原題は『Les Français vus par...』すなわち「〜から見たフランス人」であり、こんな企画に『最後の言葉』のようなシリアスな歴史的内容の作品を提供してみせるのは、いかにもゴダールである。

二十九歳の自分が何を考えていたのか、今となっては推測するしかない部分もあるが、たぶん私は『新ドイツ零年』を観て、その前に『ヌーヴェルヴァーグ』(1990年)を観て、その前後に『ゴダールの映画史』の最初のヴァージョン『第一章 すべての歴史』『第二章 単独の歴史』を観て、ゴダールが自らの「歴史」、すなわち彼自身のバイオ/フィルモグラフィと、それらが含まれる映画史と、それが含まれる世界史の全てをリセット=ゼロに戻そうとしていると感じ、しかしそれが若返り(青年期への回帰?)よりもむしろ「老い」という印象を導き出し、折しも『最後の言葉』という極めてペシミスティックな短編と結びついて、先の原稿を書き始めた、ということだったのではないか。つまり、端的に言ってこの頃、私はゴダールの「老い」を強く意識していたのだ。もちろんこの時点では、その後もゴダールが二十年以上にわたって続々と作品を生産し続けるとは予測出来るわけもなかった。一九九三年、ジャン=リュック・ゴダールはすでに六十代だったのだ。

ジョン・ケージの「ONE[8]」にかんしては、若書きの原稿を幾らか訂正しなくてはならない。ナンバー・ピースと呼ばれている、演奏者の人数をタイトルに掲げたケージ晩年の連作の最初の作品に当たる「ONE」が作曲されたのは、一九八八年ではなく八七年の末である。また、文章にあるように「ONE^{11}」が最後ではなく、あと二曲、最終的に「ONE^{13}」まで発表されている。「ONE^{13}」は、一九九二年八月十二日にケージが亡くなったことによって未完のまま遺されたが、その後、「ONE^{8}」の初演も行なったチェリストのミヒャエル・バッハが補筆して完成された。当時はもちろんインターネットもなかったので、私は自分で確認出来た限りの資料に基づいて書いたのだろう。ご容赦願いたい。

だが、二十年前も、いま現在も、ジョン・ケージのナンバー・ピース、とりわけ「ONE」のシリーズが私にとって興味深い点は、何よりもまずタイトルに付けられた指数であることには変わりない。それは実際には、単なる作品番号に過ぎないのかもしれないし、アルファベットの数字と指数によって得られる数式（たとえば「FOUR^{4}」なら4×4×4×4）に、昔の私が書いているような明確な意味があるわけでもないだろう。

だが、それでも、1をどれだけ累乗しても1であること。1×1×1×1（∞）はいつまでたっても1でしかないこと。だが、その「1」は、やはり只の1ではないのだということ。「累乗＝ピュイサンス」には「力＝ピュイサンス」が充塡されているのだというドゥルーズの考えは、私には今なお刺激的であり続けている。「そこでは「1であること」が「反復」される。そしてそれはもちろん、まず誰よりも、ジョン・ケージという名の「1」のことでもある……」と二十九歳の私は書いているが、それはもちろん、ジャン＝リュック・ゴダールという名の「1」のことでもある、と話は続けられる予定だったのだろう。

一であること、唯一であること、ひとりであることに耐えること、ひとりであることを累乗してゆくことは、無論のこと、はっきりと孤独な営みである。ケージとゴダール、多くの意味でまったくと言っていいほど異なっているこのふたりは、しかしそれぞれの場処において、紛れもない「ひとり＝ONE」であるという一点において、ただそのことのみによって結びつけられる、そんなふたりなのである。もちろんここに三人目として、ジル・ドゥルーズの名前を加えてもよいだろう。彼らは皆、それぞれに、ひたぶるに累乗される「ひとり＝ONE」だった。

いや、そんなことはない。ケージにはデヴィッド・チュードアやマース・カニンガムが、ドゥルーズにはフェリックス・ガタリが、ゴダールにはジャン＝ピエール・ゴランやアンヌ＝マリー・ミエヴィルが居たではないか、彼らはぜんぜん「ひとり＝孤独」などではなかった、といわれるかもしれない。ケージもドゥルーズもゴダールも、しばしばふたりであったのだと。もちろんそれは正しい。だがやはり間違っている。時として「ふたり」にな（れ）ることと「ひとり＝ONE」は矛盾しない。むしろ「ひとり＝ONE」は無限の複数形に接続し得る。問題は、それでも結局のところ「ONE」が「ONE」でしかあり得ない、ということなのである。絶対的な孤立は常に他者との共闘を希求する。他者たちとの連帯を夢想する。しかし、そうしたからといって彼の孤立は揺るがないし、却って「ONE」のピュイサンスはいや増すばかりだ。そうして彼らは、彼は、歳を取ってゆく。「ONE」の累乗は時間の経過を意味している。彼は「ひとり＝ONE」のピュイサンスを極限まで増幅させながら、同時に疑いようもなく衰弱してゆく。そう、つまり過去の私は、ゴダールの「老い」と「孤独」を論じるつもりだったのだ。

『新ドイツ零年』というフィルムは、極めて複雑な背景を有している。まず第一に、題名――原題は「Allemagne 90 neuf zéro（ドイツ90＝9／新〈neuf〉0〈zéro〉年）」――が示している通り、それはロベルト・ロッセリーニ監督の『ドイツ零年』（１９４８年）へのオマージュである（同作のフランス語題は「Allemagne année zéro」）。それと同時に、これはゴダール自身の『アルファヴィル』（１９６５年）の「続編」でもある。あの不思議なＳＦ映画で主人公のレミー・コーションを演じていたエディ・コンスタンティーヌが、同じ役柄で再び登場する。しかも「レミー・コーション」とは、五〇～六〇年代にコンスタンティーヌが主演し、いわばフランス版００７として人気を博したシリーズのメイン・キャラクター（イギリス人ミステリ作家ピーター・チェイニーの創造による）であり、副題を「レミー・

上・下／『新ドイツ零年』

コーションの奇妙な冒険」という『アルファヴィル』における役柄は、そのあからさまな「引用」だった。ゴダールは、そもそも自分の創造物でさえなかった登場人物を、四半世紀も経ってから、あらためて召喚したわけである。

『新ドイツ零年』の、もうひとりの主役は、ヴィム・ヴェンダース監督『さすらい』（1976年）で注目され、この映画に先立って『最後の言葉』にも出演、その後もスティーヴン・スピルバーグ監督『ミュンヘン』（2005年）やオリヴィエ・アサイヤス監督『アクトレス』（2014年）など国際的に活躍しているハンス・ツィッシュラーが演じるゼルテン（ツェルテン）伯爵である。陸軍情報部に所属するゼルテンが、ベルリンの壁が崩れ、東西統一が成されたばかりの旧東ドイツに隠遁していた元スパイのレミー・コーションを探し当て、西側に戻ることを求める。そして「レミー・コーションの最後の冒険」が始まる。この作品は、コーションが東ベルリンから出発して、いったん南下して旧東独を放浪した後、ふたたび北上して西ベルリンに到着するまでの孤独な旅を描いている。

このような物語の設定には、すでに何重かの意味が持たされている。『アルファヴィル』ではコーションが、スーパー・コンピュータ「アルファ60」による全体主義的な管理政策が徹底されている都市アルファヴィルに、密命を帯びてやってくる。彼がまず最初にするのは、失踪してアルファヴィルに潜伏する元スパイのアンリ・ディクソン（エイキム・タミロフ）を探すことである（「アンリ・ディクソン＝ハリー・ディクソン」も「レミー・コーション」と同じく他者のフィクションの登場人物であり、ベルギーの小説家ジャン・レイによる人気探偵活劇シリーズのキャラクター）。つまり『アルファヴィル』ではコーションが探す側だったが、四半世紀後の『新ドイツ零年』では彼が探される側になっている。また、『アルファヴィル』は、架空の都市（星？）を舞台とするSF映画だが、外景はロケーションで撮られており、映し出されるのは当時のリアルなパリそのものである。対して『新ドイツ零年』では、舞台が一九九〇年の東西統一直後のドイツ（すなわち撮影が行なわれたその時その場所）であることは明白だが、コーションは旅の途中でドン・キホーテとサンチョ・パンサに出会ったりする（もっともここでの従僕は自動車を押しているのだが）。つまり『アルファヴィル』では、極めてフィクショナルな「いつかどこか」の物語が「今ここ」で描かれ、『新ドイツ零年』では「今ここ」の物語に「いつかどこか」が介入してくる。二本の映画は、こうした独特なコントラストで結ばれている。

エディ・コンスタンティーヌは、ロシア人の父親を持つアメリカ人であり、フランスに渡って歌手として活動しながら俳優業に進出し、やがて「レミー・コーションもの」で一躍有名になった。だが、その人気が収まるとドイツに移住し、渋い個性派俳優として複数の国の映画に出演し続けた。その内の一本が『新ドイツ零年』と同年に製作されたラース・フォン・トリアー監督の『ヨーロッパ』(1991年)である(彼は一九九三年に七十五歳で没しているので、これらは晩年の出演作ということになる)。つまりコンスタンティーヌ自身、この時はドイツに住んでいたのである。作中でコーション＝コンスタンティーヌは、彼らが最初に登場したベルナール・ボルドリー監督『緑青女』(1953年)の記憶を蘇らせたりもする。そのコーションに会いに来るゼルテン伯爵を演じたハンス・ツィッシュラー(彼は『最後の言葉』でも「訪問者」を演じていた)は、よく知られているように俳優と共に翻訳家でもあるのだが(『カフカ、映画に行く』の邦訳書もある)、映画の中でゼルテンはヘーゲルの『哲学史講義』をフランス語に翻訳していることになっている。かくのごとく、コーション／ゼルテンのキャラクター造型には、コンスタンティーヌ／ツィッシュラーの実像が多少とも重ね合わされている。

『新ドイツ零年』の企画は、フランスのテレビ局アンテヌ2のプロデューサー、ニコール・リュエレが、複数の映画作家に「孤独」、より詳しくは「孤独な状態(l'état de solitude)」にかんする番組を発注したことから始まった。だが、実際に撮ったのはゴダールだけであり、同様の依頼を受けたとされるイングマール・ベルイマン、スタンリー・キューブリック、ヴィム・ヴェンダース、ジョン・ブアマンの作品はいずれも実現しなかった。つまりこれはもともとテレビ放映を前提とした企画だったが、当初は五十八分の上映時間であったのを、長編映画としてヴェネツィア国際映画祭に出品するために四分加えて、出品規定を満たす一時間以上の作品として完成された。同映画祭ではグランプリに当たる金獅子賞にノミネートされ、受賞は逃したが、イタリア上院議長賞の金メダルとオゼッラ賞音響部門を受賞している。『新ドイツ零年』のテーマは「孤独」である。そもそものお題がそうだったのだ。同作DVDの解説ブックレットに訳載された、ヴェネツィア国際映画祭に合わせた「ル・モンド」紙の記事で、ゴダールは次のように話している。

私は、恋愛の孤独や麻薬中毒の孤独についての映画を作りたいとは思いませんでした。それより関心を持ちたかったのは、ある国［un pays］の孤独、ある国家［l'Etat］の孤独、ある集団の孤独です。こう思ったんです。東ドイツの映画はどうだろう。壁崩壊の一年半前のことでした。契約を交わしたかと思うと、壁は倒されました。突然、これはドイツに関する映画となったわけです。東から出発して西へたどり着きました。

（「ゴダール・インタヴュー　「歴史」の孤独」
ジャン＝ミシェル・フロドンとダニエール・エマンによる採録／細川晋訳）

同じインタビューで、ゴダールは最初、レミー・コーションとは逆向きに西側から旧東ドイツに戻るロシア人という、もうひとりの主人公を考えていたと言っている。二人の道程はあるところで交叉するようになっていたというのだが、理由はわからないがこの設定は見送られた。もしかしたら単純に、それでは「孤独」と呼べなくなってしまうからかもしれない。コンスタンティーヌに釣り合うロシア人俳優が見つからなかったということも考えられる(彼の一人二役というのもあり得たかもしれないが)。

映画のファーストショットは東ベルリンのくすんだ街路の光景である。続いて「孤独　ある状態と、その変奏(SOLITUDES un état et des variations)」という字幕が出る。では、それは何の「孤独」なのか。「ある国の孤独、ある国家の孤独、ある集団の孤独」とは、詰まるところ「歴史」の問題である。すこぶるゴダール的というべきだろうが、やがて観客は「孤独の歴史」と、その裏返しの「歴史の孤独」という言葉を読むことになる。

《孤独の歴史［UNE HISTOIRE SEULE］》と記された字幕カードを画面に出し、その後《歴史の孤独［SOLITUDE DE L'HISTOIRE］》と記された字幕カードを画面に出したとき、それらの字幕カードは台本にだけ関係するわけではありません。私が思うに、「女性名詞の」歴史は孤独で、彼女は孤独に苦しんでいて、「人間＝男たち」［hommes］は時おり彼女に活力を与えに行くのであって、彼女は母親のように、そこにいる伴侶の女性です。

彼女は実に孤独で、「人間＝男たち」を必要としている。映画は、そのことを提示しなければならないし、また、そのためにそこにある。私には、私の歴史があるし、他の人たちにもそれぞれの歴史がありますが、その歴史はわれわれの間にあるんです。映画は「間において語る」のに向いている。それから、人々がそれを見て、それについて語る。生き生きとしたひとつの歴史を持つには、そこから、複数の歴史を語らなければなりません。

（同前）

言うまでもなかろうが、ここでの「歴史（HISTOIRE）」は「物語（HISTOIRE）」でもある。物語には常に語り手が存在する。ここまで触れてこなかったが、この映画にはレミー・コーション、ゼルテン伯爵に加えて三人目の登場人物がいる。いや、彼は〝登場〟はしない。シナリオでは「語り手（Récitant）」とのみ記されている名前を欠いた画面外の声（映画批評家アンドレ・S・ラバルトが担当している）が、こんな意味ありげな言葉を語り出す。「時を語ることはできるか？　時そのものを直接に？　いや、それは狂気の沙汰だ。物語の中に〝時が流れた〟とだけ書いてあっても、誰も真に受けないだろう。1時間にわたって、ただ1つの音を鳴らし続けて、それを音楽と言い張るようなものだ」（堀潤之訳。以下同）。これはトーマス・マン『魔の山』からの緩やかな引用だが、この喩えは実に興味深い。ドローン（持続音）は「音楽」というよりも「時間」そのものであるから。そして「時間」は「歴史（＝物語）」の構成物、少なくとも重要なそのひとつである。

この「語り手」は、客観的でニュートラルな無人格のナレーターではなく、ゼルテンの友人であるらしい。言葉の端々に私事を交えたりもするし、オフの声のままゼルテンと会話したりもする。「私はライプツィヒのかつてのフェスティヴァルの帰りに、もう一度ゼルテンに会ったことがある。彼はドイツ映画の仕事を再開していて、大使館でともに過ごした楽しい年月の記念として、それに批判的な眼差しを投げかけるように私に提案した。使えるお金が数マルクしか残っていなかったので、私は引き受けた。しかし、カサブランカ会議以来忘れ去られたこの男を彼が思い出したとき、それを本気にはしなかった。「最後のスパイ」など、まるでハリウッドの出来の悪い小説のようだった」。

この「語り手」について、ゴダールは先のインタビューでこう語っている。

> 語り手は、困難な立場、かつてにも増して困難な立場に置かれています。実際にそこにいるわけでもないし、実際にいないわけでもない。かつては、周知の立場がありました。（中略）語り手も一つの人格でした。それは文学的人格でした。今日、語り手の「用途＝役どころ」［emploi］はそれほど多くありません。「時間の用途＝タイム・スケジュール」

［emploi du temps］の方が多い。（同前）

『新ドイツ零年』の「語り手」は、明らかに一種の「文学的人格」として要請されている。しかし彼は自らの「困難な立場」に十分に意識的である。「語り手の立場は、今日、かつてよりもいっそう、不可能で、困難で、孤独なものではないだろうか？　私はそう思う」。ここで「HISTOIRE DE LA SOLITUDE（孤独の歴史）」と字幕が出る。「しかし、語り手はそこにいなければならない。不在であるとともに、現前して。ドキュメントとフィクションの真理という、二つの不確かな真理の間を揺れながら」。

『新ドイツ零年』の全編を通じて、この「語り手」の存在は不安定なままである。彼はけっして画面に顔を見せることなく、時として重要なストーリー上の説明を受け持ちながら、随所で哲学的思弁を弄してみせる。そしてそれは、煎じ詰めれば彼が最初に発した問い、すなわち「時を語ることはできるか？」の周囲をいつまでも旋回している。映画の後半で、彼はふたたび『魔の山』を引用して、こんなことも語る。「物語と音楽のあいだには相違がある。「5分間のワルツ」と題された楽曲は、5分間つづく。その楽曲の時間に対する関係は、まさにその点にのみ存する。しかし、筋立てが5分間つづく物語は、その5分間を並はずれた意識で埋めるのであれば、千倍も長い期間つづくだろう。そして、それは想像的な持続に関してはいかに長かろうと、きわめて短く感じられることだろう」。それから、マンの言葉から離れて、次の一言をつけ加える。「このことをきわめてよく理解したのは、東洋であって、西洋ではない」。

トーマス・マンは「物語と音楽のあいだ」について考察していたのだが、ここで「語り手」の背後に隠れたゴダールは、いわば「「物語と音楽のあいだ」と映画のあいだ」を語ろうとしている。『新ドイツ零年』の後、ゴダールは『決別』を撮り、そして『JLG／自画像』（1995年）を撮る。『自画像』は、一九九四年の十二月にストラスブールで開催された映画祭で（『新ドイツ零年』およびストローブ＝ユイレの『ロートリンゲン！』と共に）特別上映されたが、その際に行なわれた（『新ドイツ零年』の「語り手」こと）アンドレ・S・ラバルトとの公開対談で、ゴダールはこんなことを語っている。

映画はカットからなっています。いずれにしても私にとってはそうです。したがって、前のカットとあとのカットがあります。それにまた、音によるカットというものもいくつかあって、それらは、ドルビーのようないくらか初歩的な技術をともなっています。そしてこの技術は、それらのカットとカットの違いを活用することを可能にするものであって、ただ単に爆撃機を通過させるためのものじゃありません。この技術はある種の映画においては、音を映像によりよく結びつけることを、あるいは音と映像をよりよく切り離すことを可能にするもの、――私にはしばらく前からむしろこうしようとする傾向があるのですが――音を映像よりも大きいものに、映像をごく小さなものにすることを、音と映像をときどきは同期させたり、またときどきは同期させなかったりすることを可能にするものなのです。すべきなのは、よりロマネスクななにかをさがし求めながらしかも幾何学的な次元をもちこむということ、その次元を歴史的観点から感じとらせるということです。私は自分の映画が、目の見えない人たちによって聴かれうるもの、耳の聞こえない人たちによって見られうるものにしようとしているのです。

（「映画は考えられないことを考えるためのものだ」奥村昭夫訳）

ソニマージュ。この言葉が最初に持ち出されてから（「彼のソニマージュ」参照）、このときすでに二十年以上が経過していた。ところでゴダールがこう語る少し前、「ONE"」を書くよりも前に、二十七歳の私は、こんなことを書いていた。「例えばソニマージュとは、音と映像との新しい関係を呈示するものでは全くない。むしろ現在余りにも高度に接合している両者を一度完全に分離し、それぞれの物質性を限界ぎりぎりまで晒け出した後、改めて同じ時間の中に落とし込むという、恐ろしく暴力的な方法論のことを指している。それは映画的表現の進化論の過程にはどこにもポジションを見出せない、徹底的にオルタナティヴなものだ」（『映画的最前線』）。

ソニマージュ＝ソン（音）＋イマージュ（映像）にかんする基本的な考えは、現在もまったく変わっていない。進歩がないというべきか。いや、そもそも「進歩」ということではないのだと私はここで言っている。これに限らず、ゴダールのやってきた／やっていることは、およそあらゆる「新しさ」とは別のことである。

かつての私はこうも書いている。「ＪＬＧは「映画」という視聴覚システムを、また「映画史」という歴史＝物語を、更新するのではなく、いわば脱構築することを追及してきたのだ。彼を強引に「映画」の正統に位置づけようとする一部の動きは、だからやはり誤った行為だと言わねばならない。ゴダールは断じて正統ではない、だが異端でもない。古典ではなく、前衛でもない。ひとつの例外的な例外なのである。「映画的なもの」と「非＝映画的なるもの」とのどちらからも身を引き剥がし／どちらをも包み込んだところに生起するほとんど不可能なスクリーンに、ＪＬＧという存在は映写されている。不断に例外であろうとすることで、却て「映画」のなまなましい現存を逆照射しているのだ」。ジャン＝リュック・ゴダールの例外性。これはもちろん「ONE^n」性と言い換えても、もっと単純に「孤独」と言い換えても同じことだ。そして、大昔の私が、その完膚なき「例外性」をこうして確認してから長い長い時間が過ぎた今もゴダールは相変らず強固な「例外」であり続けている。孤独で、ひとりであり続けている。

「最後のスパイ」であるレミー・コーション＝エディ・コンスタンティーヌの道行きは、最初から決まっていた通り、彼が西ベルリンに辿り着いたところで終わりを迎える。彼はインターコンチネンタル・ホテルに宿を取る。誰の目にも明らかなように、『新ドイツ零年』のラストシーンは、四半世紀前の『アルファヴィル』の最初のシーンを、あからさまに反復している。あのＳＦ映画では、まだ若いレミー＝エディはアルファヴィルの高級ホテルにチェックイン早々、誘惑と危険に晒され、颯爽と難を逃れる。『新ドイツ零年』で、老いたレミー＝エディがホテルの部屋に入ってからのメイドとのやりとりは、台詞まで含めて『アルファヴィル』のそれを反復しつつも、主人公の年齢と、彼が居る「国」だけが、決定的に違っている。

『アルファヴィル』は、ゴダールによるオリジナルだが、オルダス・ハクスリーの『すばらしい新世界』（１９３２年）やジョージ・オーウェルの『１９８４』（１９４９年）、レイ・ブラッドベリの『華氏４５１度』（１９５３年）、アントニー・バージェスの『時計じかけのオレンジ』（１９６２年）の系譜に連なるディストピアＳＦである。『華氏４５１度』をフランソワ・トリュフォーが、『時計じかけのオレンジ』をスタンリー・キューブリックが、それぞれ映画化しているが、いずれも『アルファヴィル』よりも後であり（1966年／1971年）、ゴダールの試みこそ、この種の映画の先駆けと言ってよいだろう。星雲都市アルファヴィルは、ナチスドイツと当時の冷戦下のソ連とアメリカ合衆国を混ぜ合わせたようなイメージだが、そのことからもわかるように、そこでの基本的な世界観は「分断」である。これに対し、言うまでもなく『新ドイツ零年』では、舞台となるドイツは「(東西) 統一」を成し遂げたばかりだった。インターコンチネンタル・ホテルの従業員たちは「Welcome to The West, Mr.Caution!」と英語で出迎える。だが、コーションが応えるのはドイツ語とフランス語だ。そもそも、なぜ「統一」後のドイツが「孤独」と呼ばれるのか。先に述べたように、『新ドイツ零年』が構想された段階では、まだドイツは東西に分けられていた。だが、実際に映画が撮影された時、すでに壁は崩れていた。しかしそれでもゴダールは、これは「孤独 ある状態と、その変奏」だというのである。つまり、ふたつがひとつになったとしても（ひとつがふたつになったとしても）、孤独であることに変わりはない、むしろそれはますます極まるばかりなのだ、ということである。

ロベルト・ロッセリーニ監督の『ドイツ零年』は、第二次世界大戦が終結してまもないベルリンを舞台に、いまだ生々しいナチスの痕跡が齎す悲劇を描いた。この映画が撮られた一九四八年には、ドイツ分断は現在進行中の出来事だった。『新ドイツ零年』は、「90年」が「零年」でもあるという言葉遊びにも示されているように、ドイツの、ヨーロッパの、世界の、戦後の記憶＝歴史（＝物語）を、ゼロにリセットするという意味が込められている。不可逆的な変異と転換を迎えつつある世界の、老いたるヨーロッパの、ふたたびひとつに統合されたドイツを、ロシア人の血を引くアメリカ人であり、フランスで名を馳せた俳優でありスパイでもある、だがその時はこの地に住んでいた、この僅か二年後には七十五歳で亡くなってしまう男が、亡霊のように、あるいは騎士（ドン・キホーテ！）のように彷徨う。

『新ドイツ零年』の終わり近く、レミー・コーションの声が言う。「国家の夢は一つであること。個人の夢は二人であること」。かつて『アルファヴィル』の最後で、彼はアンナ・カリーナ演じるナターシャ・フォン・ブラウンを連れて、遂に発狂した都市アルファヴィルを脱出した。彼らはふたりになり、そのことによってこれから幸福になるのだ、という未来が示唆される。しかし、それから四半世紀後の、結果として最後の冒険となった『新ドイツ零年』の終幕で、彼は昔とそっくりのホテルの部屋で、早くひとりきりになることを望んでいるかに見える。『アルファヴィル』でナターシャ／アンナが口にする最後の台詞と、『新ドイツ零年』でレミー／エディが吐き出す幕切れの一言、その絶望的なまでに哀しいコントラストが、二本の映画のあいだに如何なる時間が流れたのか、ということを端的に語っている。

上／『アルファヴィル』・下／『新ドイツ零年』

そして、私は、やはりこう続けなくてはならない。ここで語られているのは、ドイツの、ヨーロッパの、世界の、物語＝歴史であるだけではない。これは、ジャン＝リュック・ゴダールの歴史＝物語なのだ。孤独なのは国家や世界や歴史そのものや物語ることそれ自体だけではない。これはゴダールの孤独なのであり、孤独なのは彼なのだ。ゴダールは最初からひとりだった。映画狂《シネフィル》の、ヌーヴェルヴァーグの友人たちが、ジガ・ヴェルトフ集団の同志たちが、妻たちが居たとしても、そしてこのあとも、公私ともに長い時間を過ぎ越していくひとりの聡明な女性が、彼女と一緒に飼うことになる犬が、たとえそれぞれの時間にすぐ傍らに居たとしても、彼は常にひとりであり続けている。ひとりにひとりを掛け合わせ、累乗し続けている。

ここでようやく、私たちは『最後の言葉』に戻ってくる。この掌編は、先にも述べておいたように、第二次世界大戦中の、実在したフランス人哲学者と、彼を銃殺させたドイツ人将校の、それぞれの息子が、長い時ののちに出会う物語である。この世から心ならずも去ることになる、その今際の際に、哲学者が発した「最後の言葉」がどのようなものであったのかは、二十年前の自分と同じく敢て触れないでおく。ただ私は、この映画が、ジャン＝リュック・ゴダール自身にとって、彼の「最後の言葉」の始まりだったのだ、と言いたいのだ。ゴダールは、私はこれから私の最後の言葉を口にする、とここで宣言しているのだと。

その時、実のところ彼はまだ六十歳にもなっていなかった。だが彼は、ある意味で、はじめから年老いて登場したのだ。そもそも「ヌーヴェルヴァーグ」とは、そのようなものだった。昔の私も、こう言っている。「ヌーヴェル・ヴァーグとは何だったのか？　それは恐らく、フランス映画における「新しい波」のことではなかった。それはまず、先行する特定の「映画史」をほとんど初めて明確に意識した作り手たちによるフィルム群であるという点で、新しくはなかった。彼らが撮った画面から数々の他の映画の反復を聴き取ることが出来なかった者が挙《こぞ》って、それを「新しさ」の名で呼んだのだ。そこにあったのは、誤解を恐れずに言えば、瑞々しさではなくて、ある紛れもない「諦念」と裏腹になった煌めきだった。だが、かと言って、この諦念は後ろ向きのものではない。これから書かれるべき未来の「映画史」へと向けた、戦う諦念だったのだ……／だからある意味で、「新しい波《ヌーヴェル・ヴァーグ》」とは奇妙な、決して在りえる筈のないものを指していることになるだろう。それは一種の語義矛盾でさえある。完全に新たな波などもとより存在する筈がない。それはいわば、最初から反復なのだから。ここから更に、強引にこんな風に考えてみることが許されるかもしれない。ヌーヴェル・ヴァーグとはつまり、「新しさ」と「繰り返し」との両方を拒絶した困難な場所に生じる何かなのだ、と」（『映画的最前線』）。

ヌーヴェルヴァーグにかんする基本的な考えは、現在もまったく変わっていない。この

「戦う諦念」は、つまり新しさの断念による若さ、のことである（若さの断念による新しさ、と言っても同じことだ）。そしてゴダールは、右の定義をそのまま内容とする『ヌーヴェルヴァーグ』を撮り、『新ドイツ零年』を撮り、『ゴダールの決別』を撮り、『ＪＬＧ／自画像』を撮り、『フォーエヴァー・モーツアルト』（１９９６年）を撮って、およそ十年がかりで『ゴダールの映画史』を完成させた。『最後の言葉』から十年が経過していた。一九九八年、ゴダールは六十八歳になっていた。しかし彼の「最後の言葉」は止まらない。彼は「最後の言葉」を言い終えることが（出来）なかったのだ。『愛の世紀』（２００１年）を撮り、『アワーミュージック』（２００４年）を撮り、『ゴダール・ソシアリスム』（２０１０年）を撮り、そして『さらば、愛の言葉よ』（２０１４年）を彼は撮った。これらはすべて、ジャン＝リュック・ゴダールの「最後の言葉」として観られ／聞かれ／読まれなければならない。要するにそれは「ただ１つの音を鳴らし続けて、それを音楽と言い張るようなものだ」。ゴダールのドローン。だが、ジョン・ケージは言っている。「ひとつの音は何も成し遂げない。ただ、それなしでは生命は一瞬も持ち堪えられない」のだと。

　すでに何度も繰り返した算数を、最後にもう一度、記しておく。１＋１は2だが、１×１は１である。１の累乗は、永久に１のままである。この「ONE」には強度のピュイサンスが充填されている。しかしそれでも、やはり１は１、ONE は ONE、ひとりはひとりなのだ。

このことを忘れてはならないと思う。ジャン＝リュック・ゴダールという名の「1」について考えることには、この無限の累乗と同じように、終わりはない。

だがしかし、終わりはある。終わりはあり得ない筈なのにもかかわらず、それでも終わりはあるのだ。遠からず、それは必ずやってくる。ジャン＝リュック・ゴダールにも、私自身にも。私はそろそろ、私の最後の言葉を口にする準備を始めなくてはならない。（未完）

あとがき

本書を構成する三つの文章は、それぞれ異なる出自を持っている。

最初の「彼のソニマージュ」は、「ユリイカ」二〇一五年一月号の特集「ゴダール２０１５」に寄稿したものである。『さらば、愛の言葉よ』の日本公開を控えた特集だったが、同作品については最後に軽く触れられる程度に過ぎない。この時点で、その後すぐに「新潮」で、より長尺の『さらば、愛の言葉よ』論を書く予定があったので、そこではまず前提となる「ゴダールのソニマージュ」論のエスキスを提示しておきたいと考えた。本文にも書いたことだが、私はかつて十年以上もの間、武蔵野美術大学で「サウンドイメージ」という講義を担当していた。自分で決めた講義名ではなかったのだが、この「サウンドイメージ」は「ソニマージュ」のことだと私は勝手に解釈して、そのつもりで毎年ゴダールの話から授業を開始した。このテクストは、その場でそれなりに長い時間を掛けて考えてきたことの結実である。最初からそういうつもりで書いたわけではなかったが、序論に相応しい内容であると思う。

第二の、全体の八割ほどを占める「ジャン＝リュック・ゴダール、3、2、1、」は、「新潮」二〇一五年四月号から九月号まで、全六回にわたり連載された。実を言うと、これは当初、百枚ほどの（つまりここで読まれるものの半分以下の分量の）単発の論考の予定だった。だが、一回では全然内容が収まらず、それどころかどんどん伸びていって、気づいてみたら半年間も書き続けていた。私自身、これほど長いものになるとは予想していなかった。結果として、これは私がこれまでに書いた最も長い映画論になった。

とはいえ、これにかんしては、自分としてはいささか珍しく、起筆までにそれなりの下準備をしており、論を構成する要素がおおよそ出揃っている状態で書き始めたのだった。なのでやっていくあいだに次々と新たな発見や発想が出てきて、そのせいで自然成長的に分量が増えていったということとは違う。むしろ私は、いちばん最初に『さらば、愛の言葉よ』を3Dの試写で体験した時にすぐさま書こうと考えたことをいちいち言葉にしていくことに或る種のもどかしさを感じていたように思う。本文で何度もしつこく書き記したように、この映画の上映時間は六十九分。やや大袈裟に言ってしまえば、ここに書かれてあることは、一度目の六十九分を見ながら／聴きながら／過ぎ越しながら、リアルタイムで私の頭にやってきたものたちであり、それ以外はほとんどない。その後で私が行なったのは、ただ単に確認と補強の作業に過ぎなかった（もちろんそれが相当に大変だったのだが）。

第三の、最後の「ONE〞＋」については、論中に記してある通りである。初出は「カイエ・デュ・シネマ・ジャポン」10号（一九九三年十二月刊）。私は二十数年前の自分との共作（？）を試みた。後半は書き下ろしである。それはそのまま本書の――「未完」の――エピローグになった。「ジャン゠リュック・ゴダール、3、2、1、」の連載最終回を脱稿した時に、すでに本書の今ある姿はほぼ完全に出来上がっていた。「3、2、1、」では『さらば、愛の言葉よ』から『ゴダールの決別』までの約二十年を遡行してゆくという構成は最初から決めていたので、そうして一旦論を閉じた後、スリー、ツー、ワンの「ワン」と題されたテクストで「ゼロ」＝『新ドイツ零年』のことを語るのは極めて論理的かつ必然的な成り行きだった。

これまた本文に何度も書いたことだが、私は一九九四年に『ゴダール・レッスン――あるいは最後から2番目の映画』という批評集を上梓した。これは私にとって二冊目の単行本で、その一年前に出した最初の本も『映画的最前線』という映画評を集めたものだった。それから次の、はじめての音楽論『テクノイズ・マテリアリズム』が二〇〇一年刊なので、私はその間、七年も本を出していなかったことになる。この時期、私は自分の事務所（ＨＥＡＤＺ）を立ち上げ、映画から音楽に完全にウェイトを移して（映画批評からほぼ全面撤退して）、同時代の音楽にかかわるあれこれの仕事に集中していた。そしてその後、幾つかの本で部分的に映画を扱ってはきたけれど、一冊丸ごと映画論というのは、本書がまだ三冊目、そして一冊全てをひとりの映画作家のために費やしたのは、これが初めてである。

それがなぜジャン＝リュック・ゴダールだったのか。過去にも『ゴダール・レッスン』という題名の本を出しているのだから、なかば当然ということになるのかもしれないが、ゴダールという存在が自分にとっていったい何なのか、今もそれはよくわかっていない。だが私は『ゴダール・レッスン』を出した後の長い長い時間の間じゅうずっと、このような書物を夢見ていたように思う。いつかもう一度、ＪＬＧに全力で対峙した一冊の本を書きたいと思っていた。だがその機会はなかなか訪れなかったし、いつまで経っても時期尚早な気がしていた。けれども『さらば、愛の言葉よ』を観た時に、これで書き出せると確信出来たのだった。そして本書は、このようなかたちで、今ここにある。
初出時の各担当者の方々、青土社「ユリイカ」編集部の明石陽介氏、「新潮」の平出三和子氏、矢野優編集長、「カイエ・デュ・シネマ・ジャポン」の誰に原稿を依頼されたのか記憶が定かではないのだが、実務的な編集を担当された津田広志氏（フィルムアート社）と稲川方人氏に感謝します。単行本化にあたっては、新潮社からの前著『批評時空間』の担当でもあった佐々木一彦氏、具体的な作業については杉山達哉氏のお世話になった。多くの意味で本書は『批評時空間』の続編といってよいものだと自分でも思う。あの本の中でも私は何度となくゴダールのことを書いていた。私にとってＪＬＧの問題とは、時間と空間の問題、つまりは映画という問題、つまりは世界という問題である。つまりは人生という問題でもある、と付け加えるのはさすがに気恥ずかしいが、しかしやはりたぶんそうなのだと思う。
「未完」と記したのだから、くどくどしく述べるのは止めておこう。私はまだゴダールのレッスンを卒業出来そうにない。映画論としてはもちろん、映画作家論としてもいささか奇妙なものであるだろうこの本を、二十年以上遅れた宿題として、そっと宙空に差し出しておく。

本書を梅本洋一氏に捧げます。

西暦二〇一五年十二月十六日午後一時五十六分

佐々木敦

初出

彼のソニマージュ ――――――――――――――――「ユリイカ」2015年1月号
（「ジャン=リュック・ゴダール氏と彼のソニマージュ」を改題）

ジャン=リュック・ゴダール、3、2、1、――――「新潮」2015年4月号〜9月号

ONE^n+ ――――――「カイエ・デュ・シネマ・ジャポン」10号（1993年）+書下ろし

写真協力

コムストック・グループ、紀伊國屋書店ほか

佐々木敦　ささき・あつし

一九六四年生まれ。批評家。音楽レーベルHEADZ主宰。早稲田大学文学学術院教授。ゲンロン「批評再生塾」主任講師。文学、音楽、演劇、映画ほか、諸ジャンルを貫通する批評活動を行う。『批評時空間』『あなたは今、この文章を読んでいる。』『シチュエーションズ』『未知との遭遇』『即興の解体／懐胎』『ニッポンの思想』『テクノイズ・マテリアリズム』『ゴダール・レッスン』など著書多数。

ゴダール原論《げんろん》　映画《えいが》・世界《せかい》・ソニマージュ

発行　2016年1月30日

著者　佐々木《ささき》 敦《あつし》

発行者　佐藤隆信

発行所　株式会社新潮社

〒162-8711 東京都新宿区矢来町71
電話　編集部 03-3266-5411
　　　読者係 03-3266-5111
http://www.shinchosha.co.jp

印刷所　大日本印刷株式会社

製本所　加藤製本株式会社

装幀　新潮社装幀室

乱丁・落丁本は、ご面倒ですが小社読者係宛お送り下さい。
送料小社負担にてお取替えいたします。
価格はカバーに表示してあります。

ISBN978-4-10-332892-6　C0095

佐々木敦　作品

風景とは何か。記憶とは、来世とは何か。
同時代芸術の核心に迫る、
アクチュアルで野心的な批評集。

批評時空間

ジャン=リュック・ゴダール、チェルフィッチュ、アルヴァ・ノト、飴屋法水、ジョナス・メカス、吉増剛造、クリント・イーストウッド――。映画、演劇、音楽、写真など、さまざまな分野の作品が生まれる場所に立ち、震災後の著者の、そして私たちの心の動きに寄り添いながら、芸術表現のありようを凝視し思索する12の論考。